ちくま新書

闇の中

楊 駿曉
YANG Junxiao

闇の中国語入門
【目次】

章扉イラスト　つばな
本文デザイン　中村道高（tetome）

はじめに

　あるエピソードから始めましょう。

　4年前、大学で中国語を教えることになったのですが、文学や文化論を専門とする私は語学教育に関してほとんど素人でした。そんな私のために、かつての指導教授が段ボール3箱分の中国語教科書を送ってくれました。カリキュラムを作る参考にしなさいということでした。しかし、ダンボール3箱分となると、部屋のなかまで運ぶには重すぎるし、場所を取るので、そのまま玄関のところに座って、1冊ずつ取り出しながら読んでいきました。全部で100冊以上はあったと思います。

　基本的に2000年代のものが多かったのですが、中には80、90年代のものもあり、CDではなく、カセットテープが添付されたものもありました。

　4時間ぐらいかけて、すべての教科書に目を通しました。これほど多くの中国語教科書に一気に目を通した経験はなかったし、これからもないでしょう（そうであってほしい）。最後は授業で使えそうなものを1箱分残して、ほかは全部処分しました。

　しかし、カリキュラム作成の参考という最初の目的とは別に、それらに目を通していく過程でいろいろと気づくことがありました。いや、気づくというより、何か圧

倒されるようなものを感じたのです。

　たとえば、ほとんどの教科書の本文の会話に、みんなで仲良くなること、何か外国人は知らないが中国人ならよく知っている物事（料理や伝統文化など）を紹介すること、授業を頑張る（あるいは何かを頑張る）こと、うれしい、楽しい、興味深い、驚嘆のようなポジティブな感情がテーマまたは重要な要素として織り込まれていました。はっきり言ってみんな意識が高く、希望を持っていて、やる気や好奇心に満ちていたのです。さらに、同級生ならみんな仲が良く、何か嫌なことやわからないことがあったら熱心に助けてくれるし、家族なら一家団欒を楽しみ、会社なら上司はやさしく、道で会った知らない人でも道を熱心に教えてくれるだけでなく、自分に関心を示してくれます。

　正直、私はこのような世界に生きたことがありません。これらの教科書が示しているのは、どこにもない場所のように感じたという意味で、「ユートピア」でした。

　もちろん、希望を持ち、やる気や好奇心に満ちる人は普通にいるでしょうし、やさしい同級生、家族、上司など別に珍しくもなんともないでしょう。しかし、問題は、私が４時間かけて、ダンボール３箱分の中国語の教科書に目を通したのにもかかわらず、そのような世界にしか出会わなかったことです。外国語を学習することとは世界を広げることであるとよく言われますが、これで本当に世界が広がるかどうか、そこに多様性があるか

どうか、疑問に感じざるをえませんでした。

　私の知っている中国の世界ははるかに複雑です。笑っていると思ったら次の瞬間に泣き崩れたり、仲良くしていると裏切られたり、のほほんと生きているように見えて世界全体に強い敵意を持っていたり、とてもやる気のある人だなと思ったら鬱になったり、やさしさに定評があるが話しているとそもそも人間の命をなんとも思っていなかったり……。挙げていくときりがありませんが、こういう深い「闇」を抱えている人は（中国に限らず）結構いるような気がします。ここまで極端な例でなくても、何らかの「闇」の一面を日常的に抱えて生きているという状態のほうが、はるかにリアルなのではないかと思います。

　したがって、こういった複雑さを伝えることのできる教科書、より複雑性に配慮した教科書があってもいいのではないかと考えました。とはいえ、私は何も「これこそあなたたちの知らないリアルな中国だ！」としたり顔で言いたいわけではありません。そうではなく、時には異質な者同士をつなげ、理解し合うきっかけとなるのは、仲良くなりたいという意志、理解しようとする心構え、または知的な好奇心といったポジティブなものではなく、むしろ悩み、恨み、悲しみ、不確実さ、災厄、恐怖などのネガティブなものに対する共感だと考えているのです。また、自分自身を反省し、新たに生まれ変わり、世界が広がるきっかけとなるのも、変わろう、世界

を広げようという強い意志ではなく、しばしば何もかも嫌だというような否定的な感情だったりします。ですから、中国語の学習を通して、異質な文化を理解し、その文化の中にいる人たちとつながり、さらには自分の世界を広げ、自分自身を広げるためには、ぜひとも「闇の中国語」が必要なのです。これこそ本書を執筆しようと考えた理由です。

しかし、本書を執筆していくうちに、意義はそれにとどまらないのではないかと考えるようになりました。

2000年代以降、中国における社会やコミュニケーション環境の激変に伴う感性や文化の変化が起こっており、それに伴って言語の使用も変化しています。具体的にいうと、この20〜30年間の中国の若者の人間関係において、否定的な感情の吐露が可能かどうかが関係の深さを測る一つの基準となっているのです。さらに、現在の中国はかつてなく深い闇に囚われているように見えます。社会的な不自由さ、経済的な不況、過剰な競争、価値観の一元化など多くの問題を抱え、多くの若者は未来に希望を見出せずに苦しんでいます。にもかかわらず、そのような状況を踏まえた中国語ないし中国文化論の書物はほとんどありません。その意味で、本書の分析する「闇」の中国語を通して、この20〜30年間の中国、ないし近代中国全体の社会心理と文化に対してもより深く、多様に理解することができるはずです。

さらに、それは単に中国という特殊な国についての特

殊な知識にとどまらず、中国社会と同じ条件を共有し、同様な困難に直面している私たちの言語、社会、文化に対しても普遍的な啓発を与えるはずです。「闇」にはそのような力があります。

　中国の旧満州を舞台とする、小川哲の優れた「アジア」小説『地図と拳』に、「光とは命であるのに対して、闇とは想像力だ」という一節があります。「闇」は存在しないものが新たに生まれ、立ち上がる余地を生み出すものでもあるということでしょう。

　本書における「闇」のイメージもまた、「そうではない」あるいは「そうであってほしくない」というネガティブで否定的なものを象徴するイメージであると同時に、「そうではなく、こうであってほしい」もしくは「こうでもありうるはずだ」という、あらゆるものが否定の中で定形を失い、別のつながりと形を獲得し、新たに作られていく想像力と可能性の場でもあります。世界を「闇から眺める」ことは世界を作り変えるための条件に他なりません。

　その意味で、本書は語学学習を「闇から眺める」ことで、それをかつてない形でより広い文化論に開き、読者自身の「闇」を通してその想像力を刺激するものでもあります。その目論見がどれほど成功しているかについては読者の判断にゆだねたいと思います。

本書の使い方

　本書は中国語の教科書であると同時に、その形式を借りた中国文化論でもあります。勉強のためのテキストであると同時に、同時代中国を理解するための読み物でもあります。両方の目的に適うように、言葉の意味や使い方と、その言葉の文化的意義や背景の両方を解説するように心がけています。

　したがって、たとえ中国語の基礎が一切なくても、本書を文化論的な読み物として楽しむことができます。

　とはいえ、本来両者は不可分なものとしてあるべきだというのが筆者の考えですので、大学の第二外国語学習などで中国語の基礎がそれなりにできている方は、その不可分性を意識しながら読み進めるのが望ましいです。

本書の構成

　本書は第一章、第二章の二章構成となっています。各章はそれぞれ複数の節からなっており、そしてそれぞれの節の中で一つの言葉が一項目として解説されています。

　各項目は例文と解説の二つの部分に分けられています。

　例文の部分には中国語例文があり、その上にピンイン（詳細は後述）が振られています。そして、それぞれの例文に日本語訳がついています。

解説の部分では、その項で取り上げられている言葉の意味、使い方、イメージ、背景などについて、例文を踏まえて解説されています。

　例文を読んでから解説を読んでもいいですし、先に解説を読んで適宜に例文を参照するという順番でも構いません。

────────── **各章のテーマ** ──────────

　「心の闇」を扱う第一章は、ネガティブで否定的な心理を表す言葉を中心的に取り上げています。中国人の心の「闇」がどのように醸成され、その「闇」にどのような特徴があり、どのように言葉において表現されているかについて見ていきます。

　第二章「社会の闇」では、現代中国、それも特に2000年代以降の中国の社会に関する否定的な言葉を取り上げています。それによって、中国の若者ないし中国人全体の生きづらさや絶望をもたらした構造的な問題を浮かび上がらせることができるでしょう。

　各章の末尾に言葉の解説から少し離れた、より文化論的な色合いの強いコラムを配置しています。従来の中国文化論でもあまり話題にすることの少ないものを意図的に選んでいますので、中国文化や社会の複雑さの一端に触れるきっかけになってくれればと思っています。

───中国語の特徴とピンイン表記───

　本書で取り扱う「現代中国語」は中華人民共和国において標準語として定められた「普通話」です。漢字の表記も日本語、台湾、香港のそれと異なり、簡略した漢字である「簡体字」を使っています。

　現代中国語の特徴として重要なことは、多くの単語は品詞が複数ある場合が多く、ある単語が動詞なのか、形容詞なのか、副詞なのかということがそれ自体として判断できるようになっていない場合が多いということです。たとえば「挣扎」という単語についてたいていの辞書では「動詞　もがく」と説明されていますが、「絶望的挣扎」という言い方では「絶望的なもがき」という名詞的な意味になります。ある言葉が実際どのような品詞として使われているかを判断するためには、それが使われている文における位置や置かれている文脈を理解することが必要です。なので、必ず個々の例文を通して言葉の意味を理解するようにしてください。

　中国語の発音の表記にピンイン（拼音）という独自の表記法を使っています。たとえば「普通話」という中国語の単語のピンインは「pǔtōnghuà」になります。基本的にアルファベットを借りた表記法で、21の子音と36の母音によって構成されています。ピンインとは、それらの音を一つの音節に組み合わせたものです。

　それに加えて、「pǔtōnghuà」のアルファベット上にいくつかの記号がついているのにお気づきでしょうか。

それらは「声調」と呼ばれているものです。全部で4種類あるため、「四声」とも呼ばれます。声調または四声は音節の中の音の高さやその変動を表現する役割を担っています。

たとえば、「ma」に声調をつけてみましょう。第一声「mā（妈）」、第二声「má（麻）」、第三声「mǎ（马）」、第四声「mà（骂）」というふうに同じ綴りでも声調が異なれば全く違う漢字（言葉）になります。中国語を話す、聞く能力を身につけるにあたり、声調の使い分けと判別が最大の関門の一つです。

ピンインは必ずしも英語のそれに対応した発音になっていないのですが、本書の例文には音声が付属していませんので、発音を確認したい時は「音読さん（https://ondoku3.com/ja/）」といった読み上げツールを使うと良いでしょう。かなり自然な音声で読み上げてくれます。

その際、中国語を入力しなければならないのですが、お使いのデバイスに中国語（簡体字）の入力法をインストールした後に、例文のピンインを入力していくと中国語に変換されます。また、その際は声調を気にせずにアルファベットのみを入力します。書く、タイピングするための中国語は、声調は気にしなくても大丈夫です。

第一章

心の闇

yōu qíngxù,　　nào qíngxù
1. 有情绪、闹情绪
不満を持っている

例　文

Tā qíngxù hěn hǎo.
1. 他情绪很好。

彼は上機嫌である。

Tā zài nào qíngxù.
2. 她在闹情绪。

彼女はふてくされている。

Tā yǒu qíngxù.
3. 他有情绪。

彼は不満を持っている。

Wǒ qíngxù yǒu bōdòng.
4. 我情绪有波动。

私は気持ちが落ち着かない。

Wǒmen lǎoshī qíngxù hěn dīluò.
5. 我们老师情绪很低落。

私たちの先生は意気が消沈している。

Wǒ wúfǎ kèfú zìjǐ de jiāozào qíngxù.
6. 我无法克服自己的焦躁情绪。

私は自分の焦燥感を克服できない。

中国は改革開放以降、とくに90年代以降、凄まじい発展を遂げていますが、かつての社会形態が解体され、社会の流動性も増したことによって、競争原理が生活の隅々にまで浸透していきました。それによって個々の人や家庭にかかるストレスや負担も急速に増えていったのです。それを背景に、いわゆる心理学ブーム（「心理熱」）がおこり、中国ではかつてないほどの熱い視線が人間の「こころ」に注がれるようになりました。

　では、中国語では「気持ち」をどのように言い表すのでしょうか。また、そこにどのようなイメージが込められているのでしょうか。

　中国語で「気持ち」を意味する代表的な言葉に「心情」や「情绪」の二つがありますが、ここでは否定的に使われることの多い「情绪」という言葉を見ていきたいと思います。

　中国語における「情绪」という言葉は、日本語のそれと違って、「おもむき」といった意味はなく、主に「気持ち」、「機嫌」、「心情」などの意味で使われています。たとえば、例文1を見てください。「情绪」と「好」という組み合わせで「上機嫌」という気分を意味します。ここの「好」を「不好」に置き換えれば、「不機嫌」という意味になります。日本語話者から見ても非常にわかりやすいかと思います。

　例文2も同様です。「闹」という語は動詞として、基本的に「騒ぐ」「騒がせる」といった否定的な意味を持

つので、「闹情绪」は否定的な感情をぶちまけるという意味で「ふてくされる」と訳せます。

しかし、**例文3**の文はそれでは理解できません。「他有情绪」という文は直訳すれば「彼は心情（機嫌、気持ち）を持っている」という意味になるはずですが、そこに「良い」または「悪い」といった評価的な形容詞が一切ないにもかかわらず、「彼は不満を持っている（不機嫌である）」という意味になります。

ここから「情绪」はそれを形容する言葉次第で肯定にも否定にも転じうるような中立的な意味以外に、それ自体で否定的に使われることがあることがわかります。

「情绪」を持っていることが、すなわち否定的な「不満の気分」を持っていることになってしまうのはなぜでしょうか。このことは実は「情绪」という言葉のイメージに関わっています。例文でそれを確認していきましょう。

例文4では「情绪」に「波动」があると言われています。「波动」とは「揺れ動く」や「変動する」の意味です。たとえば為替レートなどに対しても「波动」が使われたりしますので、気持ちが為替レートのグラフのように上下するといったイメージになるでしょう。

例文5では私たちの先生は「情绪」が「低落」していると言われています。「低落」は日本語の「下落する」「衰えている」といった意味です。それを踏まえれば、例文にある「情绪很低落」は「気持ちが落ち込んでい

る」、「意気消沈している」といった意味になるでしょう。それとは反対に、「気持ちが高ぶる」と言う場合は「情緒高漲」または「情緒高昂」と言います。グラフの数字が「変動する」というイメージはここでも通用することがわかります。

　以上をまとめますと、「情緒」とはたとえば数字やグラフのような量的なものとしてイメージされており、それが上下する、または高まったり、落ち込んだりするものであることが理解できます。「心情」という言葉も同じく「気分」「機嫌」「気持ち」といった意味を持ちますが、「情緒」のような変動するグラフというイメージを持っていないので、同様の形容を使うことができません（ただし近年はその区別は少し曖昧になりつつあります）。

　さらにこれを踏まえて、例文6を見てみましょう。「焦燥情緒」とは「焦燥感」のことですが、それが「克服」の対象となっています。つまり、「情緒」はよりはっきりと動詞の目的語となっていることがわかります。目的語として、ほかにも「調整情緒（気持ちを整える）」や「控制情緒（気持ちをコントロールする）」といった使い方があります。実は「心情」にはこういった目的語としての使い方ができません。

　言ってみれば、「情緒」は操作やコントロールの対象になりうる量的なものとしてイメージされているということです。

　最初で述べたように、社会的な流動性と不安定さによ

る競争社会化は中国で心理学ブームを引き起こしました。その際、特に重視されているのは心の平穏さ、何事にも動じないメンタルだったといえます。つまり、気持ちのパラメーターが変動し、不安定であること自体、一種のネガティブなイメージがつきまとっているのです。だからこそ、「心理学ブーム」においては「情緒」を安定させるさまざまな心理的なテクニックが盛んに紹介されていました。

　その背景を踏まえると、「有情緒」というフレーズ自体にネガティブな意味が含まれるのは、それが「気持ちの変動がある」や「気持ちが不安定だ」というようなニュアンスを持っていることに関係があると考えられるかもしれません。

2. 难过
nánguò
悲しい

| 例　文 |

Shìdào bù hǎo, rìzi hěn nánguò.
1. 世道不好，日子很难过。

悪いご時世で、生活がとても苦しい。

Wǒ chī duō le, wèi lǐ hěn nánguò.
2. 我吃多了，胃里很难过。

私は食べすぎてしまい、胃がとても苦しい。

Tā tīng tā zhème shuō, xīnli hěn nánguò.
3. 他听她这么说，心里很难过。

彼女がそう言うのを聞いて、（心が）悲しくなった。

　「难过」は中国語において「悲しい」「苦しい」といった意味を表す最もオーソドックスな言い方の一つですが、それは単に心のみならず、生活状況全体や身体状況に対しても使われています。

　辞書では一般的に①「(生活) が困難である」と②「苦しい」「悲しい」という二つの意味に分けて説明していますが、私の考えでは実は一つのイメージで捉えることができます。

まず「难」は「難しい」という意味です。そして、「过」は「過ごす」、「通り過ぎる」という意味になります。

　ここでは、「过」が重要なポイントとなっています。それは時間と空間の移動や移行を含意する言葉として、「A時点（地点）からB時点（地点）への移行」というイメージを内包しています。

　この二つを組み合わせたものとして、「难过」の字義通りの意味は「過ごすことが難しい」「通り過ぎることが難しい」という意味になるでしょう。つまり、「A時点（地点）からB時点（地点）への移行」を難しくする要素があり、なかなかスムーズにできないということになります。

　「过」の「過ごす」の意味に関しては、たとえば「过日子」という言い方があります。「日子」とは「日々の生活」のことなので、「日々（の生活）を過ごす」という意味になります。したがって、**例文1**の「日子很难过」というフレーズは、「生活が苦しい」「暮らしにくい」と訳せます。そこには、日々が過ぎていくこと、前進していくことが阻害されているというイメージが含意されています。たとえば、貧しくて「日子很难过」と言う場合は、毎日家計をやりくりし、なるべく節約しなければならないので、買い物という普通の行為も莫大なエネルギーを消耗してしまいます。そうすると、当然毎日を過ごすだけでもとても困難に感じてしまいます。比喩

的に言えば、浅瀬を進む船舶のように、座礁しないように慎重にゆっくりと進めていかないといけないような状況になるでしょう。

　身体状況に対して使われる時、「难过」は「苦しい」「つらい」「気分が悪い」といった意味になります。これにもある種の移行の困難さのイメージで捉えることができます。自分の体験を思い出してほしいのですが、たとえば**例文2**で挙げた「胃里很难过」のように、胃の調子が悪いときなどは時間がとても長く感じてしまったり、他のことを考えようとしても痛みやむかむかの感覚に邪魔されて集中できなかったりすることがあります。それは痛みや気分の悪さが主観的な時間のスムーズな移行を妨げているからにほかなりません。

　現在では「难过」が「（心が）悲しい」や「（気持ちが）つらい」という意味で使われることが多いです。「我（心里）很难过」というフレーズは、「私は悲しい」という意味になります。しかし、「悲しい」とはそもそもどういう状態なのでしょうか。上で「难过」という言葉は移行の難しさというイメージをその深層に含まれていると述べましたが、心に対しても同様のイメージを適用できます。「难过」＝「悲しい」という感情は、「そうか」というふうに軽く受け流すことができないような、強いネガティブな感情として、私たちの心を強く捉え、ほかのことを考えること、別の何かに移行することが難しい状態にしてしまうことがありえます。たとえば**例文**

3のように、誰かの悲しい話を聞くと、私たちはしばらくの間ほかのこと（「プールは楽しいな」とか、「昨日食べた唐揚げの味が微妙だったな」などのようなこと）を考えられなくなり、その人の話によって引き起こされたネガティブな感情に囚われてしまうような状態になってしまいます。

　その意味で、「难过」という言葉は感情そのものを意味するものではなく、むしろ「悲しい」「つらい」といった感情によって心のスムーズな移行が阻害された状態を暗に指していると考えることができます。

　このように、日々の生活から身体状況、さらに内面の感情に至るまで、「难过」は時間と空間の移行に対する阻害というイメージで捉えられることが理解できるでしょう。

3. 心酸
xīnsuān

悲しい、悲しみがこみ上げる

例　文

1. Tā de shēnshì ràng wǒ xīnsuān.
   她的身世让我心酸。

   彼女の境遇は私を悲しませる。

2. Yī xiǎng qǐ zhèxiē wǒ jiù xīnsuān.
   一想起这些我就心酸。

   それらのことを考えると悲しくなってしまう。

3. Kàn tā kū dé nàme shāngxīn, wǒ yě bùzhībùjué de xīnsuān qǐlái.
   看他哭得那么伤心，我也不知不觉的心酸起来。

   彼がそれほど悲しく泣いているのを見て、私も知らずのうちに心に悲しみがこみ上げてきた。

4. Tā de xiàoróng ràng rén xīnsuān.
   她的笑容让人心酸。

   彼女の笑顔は人を悲しくさせる。

5. Tā de dānchún ràng wǒ yòu gǎndòng yòu xīnsuān.
   他的单纯让我又感动又心酸。

   彼の純粋さは私を感動させると同時に悲しませる。

　「悲しい」または「悲しみ」を意味する言葉は中国語にたくさんあります。それぞれ異なる悲しみの状態を指

すため、使われる場面や文脈も異なっています。ここでは「心酸」という言葉を取り上げて見ていきたいと思います。

「心酸」は辞書的には「(形) 悲しい。悲しみがこみ上げる」という意味になります。

字面で解釈すると「心が酸っぱい」または「心に酸っぱさがこみ上げる」といったイメージになるでしょう。味覚的な酸っぱさを持って、悲しみを比喩的に形容していることがわかります。

では、なぜこのような比喩を使っているのでしょうか。

まず「酸っぱさ」を感じるときはどのような状態になるのか思い出してみましょう。たとえば、レモンを食べたときに、私たちは舌にギュッと締め付けられるような感覚をおぼえ、唾液を自然と分泌します。そして、それは身体的な反応である以上に、私たちの意識的な制御でどうしようもできない自動的なものです。

では、今度「悲しみがこみ上げる」という状態を実際に考えてみてください。何か悲しいことを思い浮かべたり、目にしたりすると、私たちの心に自然と悲しみの感情が生じます。その際にさまざまな身体的な反応が伴います。心が締め付けられるような感覚とともに、涙がこぼれたりします。それは意図的に引き起こせるようなものではなく、無意識的に自動的に現れるものです。

舌に対する締め付けの感覚は心のそれに、唾液の分泌は涙のそれにそれぞれ対応していることがわかります。

酸っぱさを感じることは、悲しみがこみ上げることと身体的な反応において似ているという感覚ですね。つまり、何らかの刺激によって体が自動的に反応してしまうというイメージになります。

　例文1では「彼女の境遇は私を悲しませる」とありますが、その境遇という刺激によって、私はどうしようもなく悲しみがこみ上げてくるという状態になります。

　例文3では、その刺激の役割を果たしているのは、「彼が悲しくて泣いている」ことになります。しかし、ここでは「悲しい」を意味するもう一つの言葉「伤心」が出てきており、使い分けられています。「伤心」は字面では「心を傷つける」という形で「悲しい」を表しており、主に傷ついたときや何かの喪失を経験したときに使われる言葉になります。たとえば、自分が大事にしている物が壊れてしまったときは「伤心」を使いますが、「心酸」は使いません。なぜこのように使い分けられているのでしょうか。

　「心酸」という状態を引き起こす刺激となる出来事についてよく語られるのは、さまざまな要因が複雑に絡み合って自分の力ではどうしようもないような悲しい出来事です。たとえば、中国の「知乎　Zhihu」というQ&Aサイト──日本で言うと「Yahoo! 知恵袋」でしょうか──に「有哪些让你心酸的事？（あなたに悲しみを感じさせるような出来事にどういったものがありますか？）」という質問のスレッドがあり、そこにさまざま

な「心酸」なエピソードが語られています。

　スレッドを立てたのは15歳の若い女の子です。彼女の父は投稿の2年前に末期がんであることが判明し、生活が一変します。父親は鬱になり、突然車のハンドルを奪い取り、一緒に死のうと言い出したり、薬の副作用で幻覚を見て、急に怒り出したり、笑ったりするようになります。ある日、あまりの痛みに飛び降り自殺をしてしまいます。かなり裕福な家庭だったのか、父の死後、親族はその遺産をめぐって争うようになります。投稿者の女の子は現在英語圏の国に留学中で、アジア人差別を受けながら学校に通っているという状態です。

　ほかにも、実家は貧しいにもかかわらず、自分を大学に行かせるために体に鞭を打つように畑を耕しつづける両親を見て「心酸」を覚えたエピソードや、結婚したばかりの若者が妻に事故で死なれ、多額の借金を背負いながら出稼ぎに行く話を聞いて「心酸」を覚えたエピソードなどがあります。

　その共通の特徴は、いずれも自分の力では変えることができない何らかの悲しい出来事——そのもっともわかりやすい、象徴的な事例が報われない「死」——によって心に悲しみがこみ上げてくるというところにあります。

　「心酸」には「報われなさ」のような、ある種の悲劇性が伴うところにその特徴があると言えるかもしれません。だからこそ、**例文4、5**にあるように、文脈次第で——たとえば悲惨な境遇にいるにもかかわらず——「笑

顔」や「純粋さ」でさえ悲しみをもたらしてしまうことがあるのです。

fánzào
4. 烦躁
いらいらする

例文

Mónǐ kǎoshì chéngjì hěnchà, tā fánzàobù'ān.
1. 模拟考试成绩很差，他烦躁不安。
　模擬試験の成績が悪く、彼はいらいらして落ち着かない。

Wǒ zuìjìn xīnlǐ jīngcháng fánzào.
2. 我最近心里经常烦躁。
　私は最近よく心がいらいらしてしまう。

Tā hěn píbèi, suǒyǐ biàn de hěn fánzào.
3. 她很疲惫，所以变得很烦躁。
　彼女はとても疲れているため、いらいらした状態になっています。

Dǔchē ràng rén hěn fánzào.
4. 堵车让人很烦躁。
　渋滞は人をいらいらさせる。

　「烦躁」は「いらいらする」という意味の言葉です。「不安」と組み合わせることで「いらいらして心配だ」という状態を形容します。

　「烦」だけでも「いらいらする」という意味を表すこ

とができます。では、なぜ「躁」と組み合わせて使っているのでしょうか。「煩」は「いらいらする」以外には、「嫌になる」「面倒だ」「飽き飽きする」といった意味もあります。つまり、「煩」だけでは必ずしも激しい情緒の変化やその表現を伴うわけではないということです。簡単に言えば、顔では笑っていても心の中では「ちっ」と舌打ちするような感情も指しているのです。

　「躁」は単独で使われることが少なく、基本的に他の言葉と組み合わせて使われていますが、「気が短い」「冷静ではない」「焦る」といったニュアンスを持っています。それが「煩躁」という形で使われるときは、いらいらして冷静さを失ったり、気が短くなったりすることで、より明白で激しい感情表現を伴う、もしくはそうなる寸前の心理状態を形容することが多いように思われます。

　このことはたとえば「躁」を使った別の言葉「躁动（zàodòng）」を見ればよりはっきりします。「躁动」とは、「焦って（あるいは気持ちが落ち着かずに）せわしなく動き回る」状態を指す言葉です。そのポイントは焦るという心情のみでなく、それが引き起こしてしまう「動き回る」という行動にこそ現れています。言い換えると、それは何か行動を起こしたくて仕方がない状態が、明白な形で表現されているということです。

　また、この言葉が「焦る」という意味で訳されるのは、何かがうまくいかない、思い通りに物事が運ばない

状況に対する感情を指す場合です。たとえば**例文1**のように、模試の成績は直接大学受験の成否に関連するのですが、それが悪かったため、「彼」の「烦躁」は単にいらいらするという心理状態だけでなく、「このままではいい大学に行けないかもしれない」という焦りの感情も表現しています。中国では大学受験の成否はそのまま人生の成否を決定するという社会的な通念があるので、それがうまくいかないとなると相当な焦りを伴うことが予想されます。受験戦争やその背後にある過剰な競争社会化については第二章で詳しく説明しています。

　何かがうまく行かなくて焦る気持ち、そして現状を変えるための何らかの行動を起こしたい衝動、この二つが合わさった状態が「烦躁」の意味するところの一つだと言えそうです。たとえば、**例文3**のように「疲れ」によって「烦躁」と感じており、それは疲れによって体が思い通りに動かず、行動が阻害された状態とも考えられます。また、**例文4**のように、渋滞という状況における「烦躁」は、早く車を動かしたいという行動への志向が含まれています。

　実は、この点に関しては、「焦躁(jiāozào)」もそれと近い意味を持つ言葉です。「焦躁」はより「焦る」という気持ちが強調されていますが、区別せずに両方が互換的に使える場面も多いです。「烦躁」や「焦躁」はしばしば「烦躁不安」「焦躁不安」といったフレーズで使われます。中国語の「不安(bù'ān)」は日本語にあるような「心配」の意味

だけでなく、より一般的に「（状況や気持ちなどが）不安定」であることを指します。そのため、このフレーズは「いらいらして心配だ」という意味だけでなく、「いらいらして情緒が不安定になっている」、または「いらいらして落ち着かない」という意味である場合も多いです。

　また、「烦躁」は「焦躁」と同じように、第一節1で解説した、グラフのように上下する量的な感情としての「情緒」にも関連してきます。「烦躁情緒」もまた克服や管理の対象とされており、「烦躁」であることは、「情緒」の管理がうまくできていないからだと考えられているのです。

5. 难熬
nán'áo

耐えがたい

例 文

1. 每天辛苦工作，只能挣这么一点儿钱，日子太难熬了。
   Měitiān xīnkǔ gōngzuò, zhǐ néng zhèng zhème yìdiǎnr qián, rìzi tài nán'áo le.

   毎日一生懸命に働いて、これっぽっちしか稼げないなんて、生活はほんとうに苦しい。

2. 半夜醒来，饥饿难熬。
   Bànyè xǐng lái, jī'è nán'áo.

   夜中に目が覚めて、耐えがたい空腹感に襲われる。

3. 在电梯里碰到了前男友，尴尬难熬。
   Zài diàntī lǐ pèngdào le qiánnányǒu, gāngà nán'áo.

   エレベーターのなかで元彼とばったり会ってしまい、気まずさが耐えがたい。

4. 日子再难熬也得熬下去。
   Rìzi zài nán'áo yě děi áo xiàqu.

   生活がどんなに苦しくても、耐えるしかない。

「难熬」とは何かが「耐えがたい」ことを形容する言葉です。たとえば、空腹、苦しい生活、気まずい空気、厳しい受験生活などが耐えがたく感じるときに使います。

「难」は「难过」の項目でみたように、「(○○するの

が）難しい」という意味です。これは別段難しい言葉ではないでしょう。

　問題は「熬」という言葉でしょう。それには中国人や中国語に特徴的な「苦しみ」のイメージが含まれています。

　「熬」は料理用語で、「長時間煮る」、「煮つめる」、「煮込む」という意味です。そこから転じて、耐え難い困難を「堪え忍ぶ」、「辛抱する」という意味になりました。

　米を水の入った鍋に入れて、糊状になるまで煮つめてお粥にしたり、鶏がらを煮て出汁をとったりする場合、「熬」という言葉が使われます。いずれも固形なものを、原形をとどめないほど軟らかくしたり、骨の内側の旨味が出るまで煮つづける行為です。それはモノの本来の状態を著しく変えるものだといえます。

　では、これはなぜ「困難を堪え忍ぶ」という意味になったのでしょうか。

　例文1にある「日子太难熬」を直訳してみると、日々を、つまり生活を煮つめるのが難しいという意味になります。これをあえて料理のイメージに寄せて見てみると、日々の生活がたいへん苦しく、まるで固形物のように噛み砕けず、呑み込めず、消化もしにくいものといったイメージになるでしょうか。そして、「煮込む」とは長時間にわたって煮ることなので、そこにはその困難が長期にわたって悩みの種となっているというニュアンスが含まれています。

また、**例文2**における「饥饿难熬」というフレーズも、飢餓感が堪えがたいという意味ですが、その感覚をうまく処理できないことを表しているように思われます。この場合は「長期」というニュアンスが含まれているかどうかは微妙ですが、場合によってはむしろ「つらくて時間が長く感じてしまう」といった意味を含み持つことになるでしょう。

関連する言葉に、たとえば「熬夜（夜更かしをする）」がありますが、これも夜を煮つめるという字義どおりの意味で、夜のねむいという状態（この状態でも時間を長く感じてしまう）をなんとか我慢して処理するというイメージになっています。

このように見ると、「难熬」という言葉は総じて困難とされている対象をうまく消化し、処理できないという意味になっていることがわかります。

「熬」におけるこのようなイメージはある特定のモデルを前提にしています。すなわち、困難とは外的な対象であり、自分はそれを「煮つめる」立場にあるというモデルです。

しかしながら、「熬」の用法にそのモデルを逸脱するものも多くあります。ここではその用法の広がりと、それによって「难熬」という言葉のイメージの変化について関連するフレーズを通して見ていきましょう。

「熬心」という言葉は「心を悩ます」という意味ですが、字義どおりには「心を煮つめる」ということになる

でしょう。

　この場合は対象と自分の関係性が逆になっていることがわかります。心は自分のものだが、それを悩ませるのが外的な対象です。つまり、外部の困難が内面の心を煮つめて、苦しい状態にしているということになります。

　「煎熬」や「熬煉」という言葉にも同様な逆転が生じています。

　「煎」とは「煎じる、炒める」という意味です。ある状況が自分にとって「煎熬」であることは、自分がその状況によって「炒められ、煮つめられている」という形で苦しみを味わっているということです。

　「熬煉（試練を受ける、鍛える）」における「煉」は「精錬する、焼く」という意味です。自分は困難や苦しい生活のなかで、煮つめられ、焼かれることで鍛えられたといったニュアンスになります。

　ここでは、苦しみのイメージが困難を処理できないというものから、自分自身が何らかの強い外力によって捻じ曲げられようとしているというものへと変化しています。

　重要なのは、この後者のイメージは単に最初のイメージと区別されているのではなく、ある意味では統合されて使用されているということです。つまり、この逆転したイメージは今度最初のイメージへと逆浸透し、「日子难熬」と言うときに、自分自身が苦しい生活という圧力鍋によって煮つめられ、変形されそうになっているとい

うイメージがつきまとうことになってしまうように感じられます。

　困難をうまく処理できずにいることで、逆に自分自身がその苦しさに耐えられず、挫けそうになっているという複合的なイメージへと統合されていったと考えることができます。

― 闇の中国語入門

jí mò
1. 寂寞
さびしい

例　文

yí ge rén zài jiā zhēn shì jìmò
1. 一个人在家真是寂寞。

ひとりで家にいるのは本当にさびしい。

Pàiduì jiéshùhòu, dàjiā dōu gèzì huíjiā le, wǒ dùnshí gǎndào jìmò
2. 派对结束后，大家都各自回家了，我顿时感到寂寞。

パーティーが終わって、みんな自分の家に帰った
とたん、私はさびしさを感じた。

Nǐ búzài, wǒ hěn jìmò
3. 你不在，我很寂寞。

きみがいなくてさびしい。

Zhèlǐ de fēngjǐng hěn jìmò, yì yǎn wàng qù, zhǐyǒu yípiàn yuányě
4. 这里的风景很寂寞，一眼望去，只有一片原野。

ここの風景はとてもさびしく、見渡してみて、ひ
らけた原っぱしかなかった。

「寂寞」とはもっとも一般的には「さびしい」という
意味の言葉です。この用法に関しては特に特殊なところ
はないのですが、元々は「しんとして、静かでさびしい
様」を形容する言葉です。ここではその「静けさ」のイ

メージにこだわって、その用法を見ていきましょう。また、日本語にも古風な言葉として残っているのですが、ここでは中国語での使用法に即して見ていきます。

「寂」も「寞」もいずれも「静かである」「しんとしている」といった意味を持つ言葉です。そのため、ここでいうさびしさは静けさと関連しています。そして、後で見るようにその反対である「賑やかさ」のイメージとも関連しています。

たとえば、一人で家にいると「さびしい」と感じてしまうときにこの言葉を使います。あるいは、パーティーの後にみなが家に帰ったあとに、部屋がしんとしてさびしい気持ちを形容するときにも使うことができます。

日本的な感覚で考えると、静けさというものは「侘び寂び」のようなポジティブな美的な感覚につながることもありますが、中国語における「寂寞」はむしろ「賑やかさ」が欠けているというネガティブな状態をもっぱら形容します。

心が落ち着くような、好ましい静かな状態を形容する場合は「寂静」を使います。

個人的な例を挙げましょう。中国には、旧正月（中国の旧暦における元旦。現在の暦では１月下旬〜２月頃）を家族で祝う習慣があります。このとき、多くの家庭では親戚一同が同じ場所に集まって、ご飯を作ったり、テレビで春節聯歓晩会（日本でいう「紅白歌合戦」のようなテレビ番組）を観たり、爆竹を鳴らしたりして、実に

賑やかに過ごしていました。私は子どものころの春節の賑やかさが大好きだったと同時に、大嫌いでもありました。なぜなら、春節が終わったあとにやってくるのは、賑やかさが欠けてしまった状態、すなわち「寂寞」だったからです。みなが帰ったあと、楽しいこと、刺激的なことが一瞬にして蒸発したような感覚を抱いていたのです。

しんとしてさびしい様というのは、何も人の感情に限られるものではなく、たとえば**例文4**のように、ひらけた平原、何もない郊外などのモノや風景に対しても使うことができます。

また、1998年12月25日の人民日報に「流行文化」が「寂寞」であるという言い方が載っていました。そこで「寂寞」という言葉で形容しようとしているのは、1998年に人口に膾炙するようなポップソング、誰もが観ているようなテレビドラマ、そしてみんなが読んでいるような小説があまりに少なかったという事態です。みんなが同じポップソングを口ずさみ、街中のスピーカーから同じ曲を聞くという状態が生まれなかったことを「寂寞」と言っているわけです。

これはかなり拡張した「寂寞」の使い方だといえますが、そのイメージの輪郭を捉えるのに役に立ちます。この用法では、静けさに対置されるような賑やかさのイメージは、さまざまなものがあるというような、質的な多様性に由来する賑やかさではなく、誰もが知っているよ

うなコンテンツが多いという量的な賑やかさにほかなり
ません。

　まず、人々はみな同じコンテンツを消費しなければな
らず、次に、そのようなコンテンツが多くなければなら
ないということです。

　勘の鋭い読者ならすでに気づいていると思いますが、
これは旧正月の賑やかさのイメージと通じるところがあ
ります。旧正月ではまさにみなが同じ場所に集まって、
同じような活動を多く行う祝日なのです。

　ここまで見てきたのはあくまで「寂寞」とそれに対置
されるような「賑やかさ」に限定した用法の、その中の
一つになります。言葉のイメージというのは、新しいコ
ンテクストにおいて新たな意味と用法を獲得し、さまざ
まな方向に向かって拡張されていくものです。

　その意味で、言葉やフレーズを覚える際に、必ずある
種の想像力の余裕を持って臨んだほうが良いでしょう。

　「寂寞」という言葉の中心には静かであるというイメ
ージがありますが、その静けさがもたらすのは単にさび
しさの感情だけでなく、退屈さも引き起こしてしまいま
す。たとえば「排遣寂寞」というような言い方で、「退
屈さをしのぐ」を意味します。

gūdān
2. 孤単
ひとりぼっちである

例 文

Lǎorén yì ge rén shēnghuó hěn gūdān.
1. 老人一个人生活很孤单。

老人はひとりで生活していて孤独である。

Tā zài xuéxiào lǐ méiyǒu péngyou, hěn gūdān.
2. 他在学校里没有朋友，很孤单。

彼は学校で友だちがおらず、ひとりぼっちである。

Jīnnián yòu shì yí ge rén gūdān de dùguò le Chūnjié.
3. 今年又是一个人孤单地度过了春节。

今年もまたひとり寂しく春節を過ごした。

Nàge xiǎo nánhái de bàba māma hěn máng, tā zhōumò jīngcháng yí ge rén gūdān
4. 那个小男孩的爸爸妈妈很忙，他周末经常一个人孤单
dān de dāizài jiālǐ.
单地待在家里。

その男の子の両親はとても忙しく、週末に彼はよ
くひとり寂しく家にいる。

中国では、少子化や老人の留守問題が深刻になってき
ています。原因や現れ方は複雑ですが、典型的なケース
を挙げてみましょう。地方では若者はみな北京、上海、
深センといった大都市に出稼ぎに行き、老人たちは地元

に残ります。一緒に行こうにも、大都市での生活コスト
が高すぎて、とても負担できません。そのため、地方で
は老人たちのみで暮らすことが多くなっています。両親
の片方が亡くなってしまうと、文字どおりひとりぼっち
の状態になってしまいます。

　その状態を形容するには「孤単」という言葉を使いま
す。

　「孤単」は「孤独である、ひとりぼっちである」とい
う意味です。しかし、中国語にも「孤独」という言葉が
あり、同じく「孤独である」という意味を持っています。

　では、この二つはどう異なるのでしょうか。

　「孤独」とはほかの人との間に感じる距離感によって
さびしさを覚えることだといえます。それに対して「孤
単」はひとりぼっちであること、寄る辺がないことを意
味しています。

　孤独という感情は、たとえ大勢の人のなかにいても感
じることがありえます。たとえば自分を理解してくれな
い人たちに囲まれると、かえって孤独感が増すというこ
とがよくあります。それに対して、ひとりぼっちである
ことは文字どおりひとりでいる状態、ほかの人と関わる
ことができない状態を形容します。

　「孤単単一个人」というフレーズは「孤単」を重ね型
にして、ひとりぼっちでいる状態を強調する言い方とな
っています。

　「孤単」は中国語において「力が弱い、無力である」

も意味しています。そして、それはひとりぼっちである
ことに由来する弱さにほかなりません。つまり、「孤単」
における孤独には弱さのイメージがつきまとっていると
いうことです。

したがって、「孤独使人堅強（孤独は人を強くする）」
というような言い方は可能ですが、「孤単使人堅強（孤
単は人を強くする）」とは言えません。なぜなら、それ
は「弱さは人を強くする」という論理的に矛盾した言い
方になってしまうからです。

ここにおける「単」は集団から脱落してしまった状態
を指しています。それが好ましくないということを逆に
いえば、根本的なところにおいて集団にいることが好ま
しいという前提があるのです。

孤独は内部における感情を強調する言い方であり、そ
れゆえにその捉え方次第でポジティブにもネガティブに
も変化することができます。それに対して、「孤単」は
外部にある基準をすでに前提しており、それにもとづい
てネガティブにしか評価できない状態を形容します。

中国の具体的な状況にもどりましょう。中国では若者
たちはみな農村から都市に出稼ぎに行ってしまい、農村
には老人たちを残していくという「留守老人問題」が深
刻化しています。旧正月の際にみな農村に帰省して年に
一度団欒する機会がありますが、留守老人たちは普段
「孤単」な生活を送っていることに変わりはありませ
ん。それに拍車をかけるように、中国では2020年より

Covid-19 に対する厳しい防疫対策を敷き、移動が厳しく制限されてしまいました。そのため、旧正月という、本来であれば出稼ぎにいった者もすべて帰省して祝うべき祝日でも帰れなくなったため、地元に残った多くの老人たちは徹底的な「孤単」という状態、あるいは気持ちを強いられました。

とはいえ、この問題は老人たちを都市に迎え入れれば解決するものでもありません。農村出身の人は、それなりに頑張って稼いだあとに、大都市でなくてもそれなりに暮らしやすい都市部に両親を移住させるケースも多いのですが、その場合、両親の地元での人間関係やコミュニティから離れることになってしまううえ、生活習慣の違いや農村出身者への差別もあるので、やはり「孤単」な生活になってしまうようです。

超高齢社会に突入して久しい日本から見れば大したことがないように思われるかもしれませんが、儒教的な家族主義の強い中国ではかなり深刻な問題として受け止められています。道徳的な価値の根幹が揺るがされているとさえいえるでしょう。その価値とは、家族という集団またはコミュニティこそ私たちに力を与えるものであり、それがなくなってしまうと弱さにつながってしまうということです。それは「孤独」とはまた異なるネガティブな状態なのです。

wúliáo
3. 无聊

つまらない

例 文

Zhè bù diànyǐng tài wúliáo le.
1.这部电影太无聊了。

この映画はあまりにもつまらない。

Tā zhège rén hěn wúliáo.
2.他这个人很无聊。

彼という人間はつまらない。

Búyào chóngfù hé wǒ yīyàng wúliáo de rénshēng.
3.不要重复和我一样无聊的人生。

私と同じようなくだらない人生を繰り返すな。

Tā měitiān kàn duǎnshìpín lái dǎfā wúliáo.
4.他每天看短视频来打发无聊。

彼は毎日ショートビデオを観てつまらなさを解消
している。

「无聊」とは「つまらない」という意味です。たとえ
ば、**例文1**「这部电影太无聊了」のように使います。こ
れは実は古代中国からある言葉で、日本語にも「無聊」
という語彙が残っています。

一般的なイメージでは、「つまらない」ことは刺激の

なさやおもしろみのなさに由来すると考えられがちですが、「无聊」は別の「つまらない」のイメージを内包しています。詳しく見ていきましょう。

「无聊」における「聊」にはいくつか異なる意味があります。現代中国語では主に「聊天」、つまり「雑談する」という意味で使われることが多いのですが、「无聊」における「聊」は「頼る、よりどころとする」という意味です。英語にすると「depend on」になりますね。

したがって、「无聊」の文字どおりの意味は「よりどころがない」、「頼るべきところがない」ということになります。

それは「つまらない」こととどのような関係を持っているのでしょうか。たとえば、映画がつまらないというときに、面白いところがないということを指すことが多いように思います。そして、面白いというのは、アクション映画などなら視覚的な刺激によって生じるでしょうが、ロマンスやミステリーはそうではありません。それはある特定のポイントや構造を頼りに作品世界のなかに入っていき、あるいはそこに没入したり、あるいは距離をとってその形式を鑑賞したりできることを指しています。

つまり、「无聊」とは作品の世界に入るために頼りとなるところがない状態、たとえば俳優の演技がわざとらしかったり、作中の設定が矛盾したりして、観客がしらけてしまうような状態などを指しているといえます。

さらに、この言葉は特定の人や人生そのものに対しても使うことができます。**例文2**における「他这个人很无聊」では、「彼」がつまらない人間だということを言っていますが、その場合、彼に興味を持つために頼るべきところがないということになるでしょう。

　例文3にある「无聊的人生」は人生のつまらなさを形容する言葉です。

　ただ、ここで人や人生に対してつまらなさを感じているのは、単に面白くないとか、刺激がないといったことだけではありません。人生がつまらないということは、面白さも刺激もひっくるめて生きるべき価値や意味を見いだせないということにほかなりません。

　そのため、「无聊」には「くだらない」「ナンセンス」といった意味もあります。

　一時のつまらなさから、人生全体のつまらなさまで、「无聊」という言葉は「頼るべきところがない」というイメージで包括的に形容しています。

　そのイメージはいわゆる刺激や面白さの欠如としてのつまらなさとはかなり異なっていることがわかるでしょう。「无聊」のイメージは私たちがなにかの世界に入っていくための頼るべきところ、言ってみれば「足場」や「手がかり」のようなものだといえます。

　中国的なつまらなさとは何でしょうか。詳しくは第二章に譲りますが、90年代以降の中国社会における「人生の面白さ」というべきものは空洞化しています。その

原因の一つが利益至上主義の蔓延だといえるでしょう。その場合の利益とは、もっぱら金銭や権力などの即物的な利益です。そのために、すべてを犠牲にするように社会的な圧力が働いています。

　金銭や権力といった外的な価値のほかに、人生に内在する価値や意義を見いだせなくなってしまった人生は「无聊」なものになるほかありません。それは人生のなかに入っていくための「足場」がないということです。

　では、中国人はどのようにつまらなさと付き合っているのでしょうか。

　いま、中国発の世界的に有名なものといえば、TikTokというショートビデオ共有サービスでしょう。次から次へとショートビデオをスクロールしていくことで、いつの間にか長い時間が経ってしまうという実に恐ろしいサービスです。

　それはちょうど、それぞれのショートビデオが一つ一つの不安定な足場であるかのようです。それらは一瞬「よりどころ」を提供し、つまらなさを解消してくれるように感じますが、すぐにまたぐらつきはじめるため、人々は次から次へと足場を移動＝スクロールしていくほかないのです。

qiānguà
4. 牵挂
気にかける

例文

Tā yìzhí méi lái, ràng wǒ hěn qiānguà.
1. 他一直没来，让我很牵挂。

長い間彼は来ていないので、とても心配なのです。

Wǒ de érzi shì wǒ zuìdà de qiānguà.
2. 我的儿子是我最大的牵挂。

息子のことがいちばん気がかりだ。

Tā yí ge rén shēnghuó, wú qiān wú guà.
3. 他一个人生活，无牵无挂*。

彼はひとりで生活していて、彼を縛り付けるもの
はなにもない。

＊「无牵无挂」は「牵挂」がまったくないことを強調する言い
方です。

Wǒ céngjīng xiǎngguò fàngqì, dànshì duì tā de qiānguà ràng wǒ chóngxīn jiānqiáng
4. 我曾经想过放弃，但是对她的牵挂让我重新坚强起
qǐlái.
来。

かつて諦めようと考えたこともあったが、彼女に
対する気持ちが私を再び奮い立たせた。

「牽」とは「引く、引っ張る」という意味を持つ動詞です。さらに「関連する」「関係する」「影響を及ぼす」といった意味もあります。

　「挂」とは「掛ける、引っ掛ける、引っ掛かる」といった意味を持っています。「対象の一部をフックや首に掛けることによって対象物全体をつるす」と辞書にあります。

　言ってみれば、なにかに引っかかって引っぱられるというイメージです。

　誰かがなにかを気にかけるという形なのではなく、なにかが誰かの心に引っかかって引っぱってくるという形になっているので、受け身的なイメージを内包しています。

　ほかに心配する、気にかけるという意味で使われる一般的な言葉に「担心」がありますが、「我很担心你（わたしはあなたを心配している）」という形で使われるので、能動的です。

　日本語に「後ろ髪を引かれる」という表現がありますが、「牽挂」はそれに近いイメージだといえます。

　辞書では「没有牽挂」は「心配の種がない」という訳になっていますが、中国語のイメージとは少し距離があります。

　例文1「他一直没来，让我很牽挂」では、使役動詞が使われていて、「長い間来ていない彼が私を心配させている」という言い方になっています。「心配する」と訳

すほかないのですが、彼になにか悪いことが起こったのではないかという心配をしているのではなく、むしろ彼に会いたいという気持ちが強いという意味なのです。

「心配の種」における「種」という比喩は、いまの時点ではまだ心配すべき事柄や事故（たとえば病気や事故など）は生じていないが、潜在的には生じる可能性があるというイメージを喚起するものだといえます。それにたいして、「牽挂」は可能性の問題だけでなく、現に引っかかって引っぱってくるという状態でもあります。

それは潜在的に生じる可能性のある出来事のみによってではなく、ある特定の存在（人やモノなど）そのものによっても生じる状態です。したがって、想定できるような原因がなくても、人は「牽挂」することがありえます。

そこには「本来であれば強くつながっているはずだ」ということが前提とされています。場合によっては「そばにいなくてさびしい」というニュアンスも含まれることもあるでしょう。

この「つながっていること」という意味について、たとえばアメリカの小説家ジャック・ロンドンによる「荒野の呼び声」という中編小説を見てみましょう。なぜ中国語なのにアメリカの小説かと訝しく思う読者もいるかと思いますが、──もちろん筆者の趣味も関係していますが──中国がどのように外国語を中国のイメージに翻訳しているかを見ることで、そのイメージの輪郭がはっ

きりしてくることもあるのです。

　主人公である牧羊犬のバックは、その最後の飼い主であるソーントンがインディアンに殺されたあとに、もはや人間世界に未練がなくなり、完全に野性にめざめます。その際の原文は「The last tie was broken.（〔人間の世界との〕最後のつながりが断たれた）」となっていますが、その「最後のつながり」はある中国語の翻訳で「唯一的牽挂」と訳されています。この使い方はいわゆる辞書的な「心配する」「気にかける」といった意味とかなり距離があることがわかるでしょう。ここでは「牽挂」はむしろバックとソーントンのあいだの「つながり」や「きずな」といった意味で使われているのです。

　ただ、そこには「きずなや人とのつながりは大事だ」といった肯定的な用法はありません（その場合は「関系（コネクション）」というかなり功利主義的な言葉が使われます）。あくまで自然にできたきずなやつながりに受動的に「引っぱられる」というイメージがデフォルトとなっているのです。

　また、たとえば、病気で死につつある人、あるいは自殺で死のうとしている人が、この世における「心残り」がある場合も、「有牽挂」と言います。その「牽挂」はその人をこの世につなぎとめておくものでもあります。それによって人は心を強く持って闘病したり、自殺を思いとどまったりすることもあるでしょう。

　誰かを心配する、気にかけることによって自分自身が

救われることもあるのです。

　中国の「80後」世代を代表する作家である笛安の長編小説『告別天堂（パラダイスにさよならを）』のなかに、次のような一節が出てきます。

Qiān guà yí ge rén shì jiàn hǎo shìqíng, kěyǐ bǎ nǐ biàn de gèng wēnróu, gèng
牵挂一个人是件好事情，可以把你变得更温柔、更坚
jiānqiáng, biàn de bǐ yuánlái de nǐ gèng hǎo.
强，变得比原来的你更好。

誰かを気にかけることはいいことだ。それは人を優しく、強くし、元の自分よりもいい自分にしてくれる。

（笛安《告別天堂》长江文艺出版社、2009 年）

　ここでいう「牵挂」はまさに誰かを愛することを指しているのです。

5. 吃醋
chīcù

やきもちを焼く

例文

1. 他看到自己的女朋友和其他男人开心地聊天，吃醋了。
Tā kàn dào zìjǐ de nǚ péngyǒu hé qítā nánrén kāixīn de liáotiān, chīcù le.

彼は自分の彼女がほかの男と楽しくお喋りしているのを見て、やきもちを焼いた。

2. 我好像吃醋了，心里酸酸的。
Wǒ hǎoxiàng chīcùle, xīnlǐ suānsuān de.

心のなかが酸っぱくて、私はどうやらやきもちを焼いているようだ。

3. 你怎么说话酸溜溜的？是不是吃醋了？
Nǐ zěnme shuōhuà suānliūliū de? Shì bùshi chīcùle?

なんでそんな嫌味な言い方をするんだ。やきもちを焼いているのか。

　「吃醋」とは「嫉妬する」の意味です。中国語にも「嫉妒」という言葉があるのですが、「吃醋」はより口語的な表現になります。

　「醋」とは「お酢」のことなので、文字どおりには「お酢を食べる」という言い方になっていますが、なぜ

それが嫉妬するという意味になっているのでしょうか。

これに関しては諸説あります。いちばん流通しているのは、唐の時代の宰相の妻の話です。その妻は嫉妬深く、夫が側室を迎え入れるのを承諾するかそれとも毒を飲んで死ぬかという選択を皇帝から迫られて、毒を飲むことにしたが、実は酢だったという物語です。

語源に関しては後付で創作された可能性もあるので、話半分に聞いたほうがいいのですが、重要なのはこの言葉は嫉妬するという感情に味覚という枠組みを与えているということです。

酢の味は酸っぱいです。嫉妬するという感情を「吃醋」と形容することによって、酸っぱいという味覚のイメージがそれに付着することになります。嫉妬するたびにそこに酸っぱいという味覚が生じているというイメージを喚起してしまうのです。

ある感情に味覚のイメージを付与することは言語においてそれほど特殊なことではありません。たとえば、「苦しい」や「苦々しい」には「苦い」という味覚のイメージが付着しています。そのイメージをもって対象に対する身体的な拒否を表現しているわけです。また、「甘酸っぱい青春」という言い方もあります。甘さだけでなく、酸っぱさという微妙な味覚的なイメージを喚起することによって青春というものの複雑さと切なさを表現していると考えることもできるでしょう。

では中国語における「嫉妬」という感情と、「酸っぱ

い」という味覚はどのように結びつき、何を表現しているのでしょうか。

まず、「吃醋」は「嫉妬」一般を意味するものではなく、例外はありますが、多くの場合は恋愛関係における嫉妬を指しています。たとえば、彼女や妻がほかの男性と親しくしているのを見て嫉妬する場合は「吃醋」が使えますが、会社の同期が自分より先に昇進して嫉妬する場合は使えず、より一般的な言い方としての「嫉妒」を使います。

次に、嫉妬するというのはきわめてネガティブな感情なので、「醋」をもって形容することによって、酢の酸っぱい味はおいしさではなく、好ましくないもの、拒否したくなるものになります。実際、酢は強い刺激性のあるものとして、古代中国では鼻に酢を入れる「醋刑」という酷刑に使われていたほどです。2023 年に公開された、南宋時代を舞台にしたチャン・イーモウ監督の映画『満江紅』にも拷問としての「水攻め」における水を酢に変えた酷刑が描かれています。

本来であれば、酢は調味料として少し料理にいれたり、つけたりして食べるものですが、それを大量に（といっても一口で十分ですが）摂取すると、刺激が強すぎて人を躁状態にしてしまうほどの苦しみをもたらしてしまいます。

刺激的な酸っぱさは人を躁の状態にしてしまいますが、苦さや辛さといった味覚と異なるのは、その刺激の

もたらす表現は必ずしも目に見える形で現れるわけではないというところなのではないかと思います。苦さで人は顔をしかめたり、辛さで汗が吹き出したりしますが、酸っぱさに刺激された特有な表情や表現というのはぱっと浮かびません。あるとしてもきわめて間接的なものなのではないでしょうか。断言できませんが、中国語においては「吃醋」とそれに伴う酸っぱさの表現には間接性が伴うのは事実です。

　たとえば「吃醋」して、嫉妬にかられた人の話し方が「酸溜溜（嫌味な態度）」**（例文3）** と形容されることがあります。その口調から酸っぱさがにじみ出ているというイメージですが、その際、嫉妬や不満は直接的にではなく、間接的にその人の話のなかで暗示されているということが前提されています。

móshēng
6. 陌生
見知らぬ

例 文

Wǒ tūrán juédé bàba hěn móshēng, cónglái méi xiǎngdào tā huì zuò chú zhè zhǒng shì.
1.我突然觉得爸爸很陌生，从来没想到他会做出这种事。

突然父親が見知らぬ人であるように感じた。こんなことをするなんて思わなかった。

Hǎojiǔ méiyǒu huí lǎojiā, gǎnjué hěn móshēng.
2.好久没有回老家，感觉很陌生。

久しく実家に帰っていなかったので、見知らぬ場所であるように感じてしまう。

Tā duìdài wǒ de fāngshì hǎoxiàng wǒ shì yí ge móshēngrén.
3.他对待我的方式好像我是一个陌生人。

彼は私に対してまるで他人のように接する。

Shēn chǔ yú móshēng de chéngshì, gǎnjué zìjǐ biànchéngle yí ge quánxīn de rén.
4.身处于陌生的城市，感觉自己变成了一个全新的人。

見知らぬ都市にいて、自分がまるで新しい人間になったかのように感じる。

「陌生」は辞書的に「よく知らない」、「不案内である」、「なじみのない」といった意味を持ちます。英語に

すると「strange」や「unfamiliar」になるでしょう。

「陌生人」であれば「よく知らない人」、「他人」という意味になります。

「陌」は古代中国では「道」を意味する言葉でしたが、現代中国語ではほとんどその原義を意識することはありません。より重要なのは「生」という言葉です。実際、「陌生人」を略して「生人」と言う場合もあります。「生」は日本語と同様にさまざまな意味がありますが、未調理であるという「なま」の意味は現代中国語にも残っていて、「陌生」はその意味と関わっています。

たとえば、「(陌)生人」の対義語は「熟人（知人、知り合い）」です。つまり、「なま」に対して「熟している」あるいは「火が通され、しっかりと調理された」ということです。

中国人は何でも食べるといわれることが多いのですが、基本的に「なまもの」は食べません。ほとんどすべての食材に火を通して調理してから食べます。それはお腹を壊すことに対するある種のリスク対策です。

それを踏まえると、「(陌)生人」から「熟人」への変化は、警戒すべき対象から受け入れるべき対象への変化だといえます。

例文1「我突然觉得爸爸很陌生，从来没想到他会做出这种事」を見てみましょう。父親という家族に対しても「陌生」だと感じることはあります。この場合、「よく知っている」か、それとも「よく知らない」かという知識

の量の問題だけでなく、対象に対して主観的にもつ「距離感」が問題となっているのです。

　この距離感はさまざまな対象に対して形容することができます。**例文２**のように、久しぶりに故郷に帰って、たとえそこは何も変わっていなくても「陌生」という感覚を抱くことはありえますし、または**例文３**のように日々生活している恋人やパートナーであっても自分自身の心境の変化によって「陌生」だと感じることがあります。

　この距離感は「疎外感」と言い換えたほうがいい場面が多いと思われます。たとえば、中国の大学生のほとんどは故郷を離れた都市の大学に通っています。そして、基本的に学生寮に４年間住むことになります。つまり、彼らは「陌生」な街の「陌生」な大学で、「陌生」な人々と住むことを意味します。また、かつての友人とも離れ離れになってしまうでしょう。

　そして、勉強にあけくれた高校生活、特に高校３年生のときは、日常の細々としたことはほぼ家族によって管理されて、勉強以外何も気にしなくてもいいという人が多いですが、大学に入るといきなりすべてを自分で管理しなければならなくなります。すなわち、その生活はかつての生活とまったく連続性がなく、断絶しているのです。この境遇がもたらす「陌生」の感覚は、距離感というよりも「疎外感」のほうが近いといえます。

　彼らの大学生活はこの疎外感と向き合うところからは

じまるといってもいいでしょう。

　2000年代に中国の若者のあいだで一世を風靡したアイドル作家の郭敬明は、長編小説『幻城』のあとがきで、かつての友人と過ごした日々が忘れられず、上海大学で孤独な大学生活を送ることが苦しみだったが、「陌生」がもたらす距離感がその苦しみを忘れさせてくれると同時に、なにか大事なものを失わせるということが述べられています。

Yīgè rén zǒng yào zǒu mòshēng de lù, kàn mòshēng de fēngjǐng, tīng mòshēng de gē,
一个人总要走陌生的路，看陌生的风景，听陌生的歌，
ránhòu zài mǒu gè bùjīngyì de shùnjiān, nǐ huì fāxiàn, yuánběn fèijìn xīnjī
然后在某个不经意的瞬间，你会发现，原本费尽心机
xiǎngyào wàngjì de shìqíng zhēn de jiù nàme wàngjile.
想要忘记的事情真的就那么忘记了。

　人はいずれ必ず見知らぬ道を歩き、見知らぬ風景を見て、よく知らない音楽を聞くことになるだろう。そしてあるふとした瞬間に、あれほど忘れようにも忘れられずにいたことを本当に忘れてしまったと気づくのだ。

（郭敬明《幻城》湖南文艺出版社、2016年、237頁）

　より広くみて、この「陌生」の感覚は中国社会の激変にともない、一般的な感覚になったともいえるかもしれません。古い建物は軒並み取り壊され、新しい高層マンション群に建て替えられました。物流サービスが充実し、ほぼ家から出ずにすべてを買うことができるようになって、近所付き合いはなくなりました。社会が進歩し

たかのように見えたが、再び雲行きが怪しくなり、前に進むどころか後退さえするようになりました。

　生活は便利になりましたが、多くの大事なものも同時に失ってしまったように見えます。

　この数十年のあいだ、中国人にとって、疎外感（＝生）はすでに常態（＝熟）になり、断絶が連続して起こるものとなったのです。

lěngmò
7. 冷漠
冷たく無関心である

| 例　文 |

Tā de yǔqì hěn lěngmò.
1. 他的语气很冷漠。

彼の口調は冷ややかだ。

Tā shì yī ge hěn lěngmò wúqíng de rén.
2. 他是一个很冷漠无情的人。

彼は非常に冷たい人である。

Wǒmen de shèhuì yǐjing shīqùle zuì jīběn de tóngqíngxīn, biàn de hěn lěngmò.
3. 我们的社会已经失去了最基本的同情心，变得很冷漠。

私たちの社会は、基本的な思いやりを失い、冷たいものになってしまった。

Wǒ duì zhège lěngmò de shìjiè méiyǒu rènhé liúliàn.
4. 我对这个冷漠的世界没有任何留恋。

私はこの冷たい世界に何の未練もない。

「世間の目は冷たい。」

「同僚の態度は冷ややかだ。」

「共感という感情を知らず、心が動かされることはない。」

「社会から親切さや思いやりが失われ、無関心がはびこっている。」

「そもそも世界自体が冷徹で残酷なものであり、常に犠牲の上になりたっている。」

これらの感覚、態度、感情、そして世界観は中国語ではいずれも「冷漠」という言葉を使って形容することができます。「冷」とは「冷たい、冷ややかだ」という意味で、日本語と同じです。「漠」は「砂漠」のことで、そこから転じて「広くがらんとしてさびしい」「淡泊だ」「無関心」といった意味を持つようになりました。日本語にも「漠然としている」という言い方で「広くてとりとめがない」様を形容する用法がありますね。

このように、文字どおりには「冷漠」は「冷たい砂漠」、もしくは「冷たく漠々としている」といった意味になるのではないかと思います。この語義やイメージは、実際の使用でほとんど意識されることはありませんが、その用法自体は「冷たい砂漠」のイメージに沿うものとなっています。

例文1では、彼の口調が冷ややかであるということが形容されています。それに対して、**例文2**は、彼の「態度」が冷たく、無関心であるということのみならず、彼という人間は本質的に「冷漠」と「无情」という属性をもっている、もしくはそれによって特徴づけられるということを形容しています。それは「冷漠无情」という形で、ある人の心が動かない、あるいはそもそも心をもっ

ておらず、無情で冷酷だということを示しています。この意味での「冷漠」はしばしば「親切（親切）」、「慈祥（慈愛に満ちた）」といった言葉の対義語として使われています。

　以上を踏まえて、他者に対する共感、その共感にもとづいた善意ある行動や思いやりといった、道徳的な感情や行動が欠如した態度は「冷漠」の重要な一側面だといえるでしょう。

　そして、この「冷漠」という態度は単にある特定の個人のものに限定されるものではなく、一種の「状態」として社会や世界そのものにも適用されます。

　例文3の「（社会）変得很冷漠」という文では、社会自体が「冷漠」なものになったということが述べられていますが、これは個人の道徳的な態度ではなく、社会の道徳的な状態に関する形容になっています。たとえば、騙されるのを警戒して、困っている人を助けないといったことが多く報道されると、人は社会が「冷漠」になったと感じます。実際、ある親切な人が道で怪我をした老人を助け、病院に連れていってあげたが、その老人に（自分を怪我をさせたと）訴えられて医療費を支払わされたという事件がありました。それが大々的に報道され、人を助けることはリスクになるという認識が広まったのです。

　人の親切心に付け込む詐欺の存在（とそれについての過剰な報道）は社会を「冷漠」なものにしていくので

す。ここで喚起されているイメージは「冷たい砂漠」の
それだといえましょう。

「冷たい砂漠」は世界のイメージとして、非常に冷た
く、そして人間に対して無関心なものです。そこで何が
行われていようと、そこにいる人々が何を考え、何を感
じていようとも、この世界はまったく意に介さず、ただ
淡々と存在し、すべてを流砂で洗い流していくのです。

その意味で、「冷漠」な人や社会は、（道徳的な価値も
含めた）価値のあるものと価値のないもの、良いものと
悪いもの、すべきこととすべきでないことといった、世
界に対して区別や差異を創り出していくという人間に特
有の営為そのものを否定した社会として現れます。

90年代の中国はまさに一種の「冷漠」な社会だった
と人々に受け止められてきました。なぜなら市場化によ
ってそれまでの価値観が一気に解体され、すべてが金と
権力という成功ではかられるようになり、それまで大事
にされていた価値＝区別が洗い流されてしまったからで
す。それによって社会的な疎外感（「陌生」の感覚）が
かつてなく急速に増幅していきました。

そのなかで子ども時代を過ごしてきた世代（「80後」
と呼ばれる）は、しばしば過剰な疎外感を抱き、それを
解消してくれるような——たとえば「恋愛」——ユート
ピアを強く希求するようになりました。

「牽挂」の項でも引用した笛安の長編小説『告別天堂
（パラダイスにさよならを）』のなかにある次のような一

節はとても象徴的です。

Wǒ yǐwéi yǒule àiqíng zhīhòu wǒ kěyǐ gèng ài zhège shìjiè yìdiǎn, wǒ
我以为有了爱情之后我可以更爱这个世界一点，我以
yǐwéi zhè shì ràng zhè běn lěngmò de zìdiǎn duì wǒ wéixiào de wéiyī de bànfǎ.
为这是让这本冷漠的字典对我微笑的唯一的办法。

恋愛さえあればこの世界をもっと愛せるようになる
と思っていた。それこそこの冷酷な辞書〔引用者
注：「辞書」とは、すべてを定義しつくし、機械的
にしたがうことを要求する世界全体のことを指して
います〕を自分に微笑みかけさせる唯一の方法だと
思っていたのだ。
（笛安《告别天堂》长江文艺出版社、2009 年）

当然、そのような希求は頓挫する運命にあります。彼
らはパラダイスにさよならを言い、もがき苦しまなけれ
ばならなかったのです。

— 闇の中国語入門

zhēngzhá
1. 挣扎
もがく、あがく

例文

Tā bùgù zìjǐ de shāng, zhēngzhá zhe zhàn le qǐlái.
1. 他不顾自己的伤，挣扎着站了起来。

彼は自分の傷みを顧みずに、無理して立ち上がった。

Rénshēng yìzhí rúcǐ jiānnán, wèishénme hái yào zhēngzhá?
2. 人生一直如此艰难，为什么还要挣扎？

人生がずっとこんなにも苦しくつらいなら、なぜもがきつづけなければならないのだろうか？

Dàjú yǐdìng, dànshì tā hái zài chuísǐzhēngzhá.
3. 大局已定，但是他还在垂死挣扎。

大局はすでに決まっているが、彼はまだ必死にもがいている。

Tā tòngkǔ de zhēngzhá zhe.
4. 她痛苦地挣扎着。

彼女は苦しみながらもがいている。

　「挣扎」は近代中国を特徴づけるもっとも重要なキーワードの一つだといえるかもしれません。中国近代文学のもっとも代表的な作家（「の一人」と入れなくてもい

いぐらい代表的な作家）である魯迅が、20世紀初期の中国人について述べるときに使った言葉として記憶されているからです。当時の中国の知識人は古く後進的で、奴隷根性にまみれた中国をなんとか新しく生まれ変わらせようとしていました。しかし、西洋列強によって割拠され、国家としての同一性が著しく脅かされていた中国にとっては、そのミッションはあまりにも難しく、失敗が確実視されてもいたのです。少なくとも魯迅自身は失敗の可能性を強く意識していたといえるでしょう。それでも、もがき、悪あがきしながらも、たとえ失敗を運命づけられていても、奴隷根性からの解放を求めつづけることが重要なのではないかと彼は考えました。なぜならその行為自体が私たちを「単なる奴隷」から区別するものだからです。

そのもがくこと、悪あがきする行為がまさに「挣扎」なのです。

「挣」と「扎」はいずれも縛りなどから「抜け出す」というようなニュアンスを持つ言葉です。特に「挣」は「力いっぱいに」という意味もあるので、頑張ってなんとか抜け出そうとするというイメージになるでしょう。たとえば「挣脱」という言葉は束縛などから逃れることを指しています。

しかし、「挣扎」という組み合わせには単に逃れる、抜け出すといった意味だけでなく、失敗を運命づけられていても、あるいは諸々の現実的な事情を鑑みればリス

クが高いから本来そうすべきではないにもかかわらず、なお抜け出そうとするという悲劇的なニュアンスが含まれています。

例文1を見てみましょう。怪我をしたにもかかわらず、無理をして立ち上がったという意味になります。この場合は怪我をしているのだからそのまま座ったり横になったりしているべきなのに、立ち上がったということです。もちろん、文脈によっては単に「頑張って立ち上がった」というふうに訳すこともありますが、ここでは何かそうしなければならない事情——たとえば敵が目の前にいて、自分は負傷しているが、ほかの仲間を守らなければならないというような——があるというふうに感じてしまいます。

いちばんわかりやすい例は「垂死挣扎」でしょう（**例文3**）。小学館の『中日・日中辞典』では、「断末魔のあがき」と訳されています。死にかけている、つまりこれから死ぬということをわかっているにもかかわらず、なおあがこうとするという状態です。

したがって、「頑張って」と訳されていてもそこにポジティブなニュアンスはあまり感じるべきではないと私は思います。しかし、それ自体にポジティブさがないとはいえ、あるいはポジティブさがないからこそ、何らかの可能性につながることも考えられます。

例文2を見てみましょう。「人生は常にこのようにつらく苦しいものなのに、なぜあがかなければならないの

だろうか」という問いです。これは実際に中国のQ&Aサイト「知乎」に投稿された質問です。

　投稿者によれば、「挣扎」とは方向性、つまり目標のない努力であり、努力したいが何を目指してがんばればいいのかわからない状態です。彼自身は2013年に働き始めて（筆者は同年に大学を卒業しているので同年代かもしれませんね）から何もかもうまくいかないという状態に陥りました。どうすればいいのかわからずにいながらも、なお「挣扎」してカウンセラーの資格を取ったり、ビジネス書を読んで思考の習慣を改めたりと、さまざまな試行錯誤をしながらついに状況が改善されるようになった経緯が紹介されています。彼が自分自身の変化をウェブに投稿したのは、自分と同じ境遇にいる若者たちを励ますためです。

　彼は次のように言います。

Wǒ bù zhīdào nǐ chǔ yú nǎge jiēduàn, dànshi qǐng bié fàngqì zhēngzhá. Yīnwèi
我不知道你处于哪个阶段，但是请别放弃挣扎。因为
zhēngzhá zhēngzhá zhe, nǐ huì zhǎodào nǐ xūyào qiánjìn de fāngxiàng
挣扎挣扎着，你会找到你需要前进的方向。

あなたはどの段階にいるかはわかりませんが、あがくことをあきらめないでください。なぜならあがくうちに、自分の進むべき方向が見えてくるからです。
（luomaluck、知乎「人生一直如此艰难，为什么还要挣扎?」への回答、2020年3月15日）

　魯迅が「挣扎」の姿勢にこだわったのは、それが唯一

絶望の中から可能性を摑み取ることを可能にするものだからだといえます。個人においては、「だめ人間としての自分」というのは、「奴隷としての中国人」と同様に一種の呪縛として機能するものです。どのような人間になりたいか、自分の国をどのような国にしたいのか、という明確な目標や理想はなくとも、「挣扎」していればそのうち見えてくるかもしれないのです。

　魯迅の有名な小説「故郷」は次のような一文で締めくくられています。

Qǐ shí dìshang běn méiyǒu lù, zǒu de rén duō le, yě biàn chéng le lù.
其实地上本没有路，走的人多了，也便成了路。
実際、地上にはもともと道というものはなかったが、歩く人が多くなると、道になったのだ。

　つまり、「挣扎」とは道なき道を作り出すための条件だともいえるわけです。

　もちろん、道など永遠にできないし、可能性を摑むことが永遠にできないかもしれません。可能性が開かれないまま、永遠に「挣扎」を強いられるかもしれません。あるいは、束縛から解放された途端、別のより過酷な牢獄に閉じ込められていることに気づくかもしれません。しかし、これらの可能性のいずれも「挣扎」をあきらめる理由にはならないのです。「挣扎」とはそのような失敗の可能性を認めながらもなおあがこうとすることなのです。

また、個人的な考えを話しますと、人はみないずれ死ぬ運命にあるので、結局どのような努力も「断末魔のあがき」なのです。それならいっそのこと自分自身でいられるような、より独自性のある「断末魔のあがき」をしたほうがいいのではないかと思います。

jiūjié
2. 纠结
気持ちがすっきりしない、
どうしてよいかわからない

例　文

Miànduì xuǎnzé, wǒ jīngcháng huì xiànrù jiūjié.
1. 面对选择，我经常会陷入纠结。

選択すべき場面に直面すると、私はしばしばどう
選んだらいいかわからないという状態に陥ります。

Mǎi bù mǎi fángzi zhè jiàn shì ràng tā hěn jiūjié.
2. 买不买房子这件事让她很纠结。

住宅を購入するかどうかという問題は彼女をとて
も悩ませている。

　「纠结」の原義は「絡み合う」や「結託する」です。
「纠」という字にそのニュアンスが含まれており、「纠
结」とは、物事が複雑に絡み合いすぎて「結」、つまり
「固結び」のようなほどけない状態になったという意味
になります。たとえば蔦が互いにもしくは欄干などに絡
みついた状態などをイメージするといいでしょう。似た
　　　　　　jiūchán
言葉に「纠缠（からみつく、つきまとう、邪魔する）」
があります。

　2009年に、この言葉は言語の専門家たちが選ぶ十大

流行語の一つに選ばれました。当然、この言葉に新たな意味や使い方が付与されたために選ばれたわけです。

　この年に、「纠结」という言葉は、気持ちの糸が絡み合ってすっきりしない状態、どうすればいいのか決められないという心理状態を指すようになりました。それ以前の文学作品にも心理状態を形容する使い方はありましたが、比喩的なものにとどまっていました。それに対して、2009年にはこの使い方が一気に一般化したのです。

　ここでは、客観的な状態を形容していた言葉が主観的な状態を形容するものになるという変化を見て取ることができます。

　もともと「纠结」は「男女が絡み合う」といったニュアンスで使われることもあり、必ずしもネガティブな意味のみで使われるような言葉ではなかったのですが、主観的な状態を形容する言葉としての「纠结」は、もっぱらネガティブな心理状態を表す言葉へと変化しました。

　中国では2000年代以降、心理学が大変なブームとなっていて、さまざまなセミナーが開催されたり、仕事の合間を利用してカウンセラーの資格を取る人が増えたりしていました。そして、現在は心理学のオンラインセミナーが盛んになっており、多くのセミナーやオンデマンド授業が購入できるようになっているのですが、よく見かけるのは「教你如何不纠结、不焦虑（気持ちの行き詰まりや焦燥を感じないための方法を教える）」といった
jiāolǜ
タイトルがついたものです。「纠结」が「焦虑」、つまり

焦燥感とセットになっていることからもわかるように、非常に望ましくない心理状態を指しています。

「纠結」が使われる具体的な場面について、たとえば**例文1**を見てみましょう。「面对选择，我经常会陷入纠结」という例文は、選択することに際して「纠結」した状態に陥ることを述べています。「Aを選ぶべきか、それともBを選ぶべきか、Aを選んだらCという結果をもたらし、Bを選んだらDという結果をもたらす……Cにはこういったメリットがあるが、このようなデメリットもある……しかしDという結果よりはましかもしれな……いや、そんなことはないか……Dならこういうこともできるよね……」と、心の中での自問自答が延々と続き、結局どうしてよいかわからなくなってしまうというイメージです。心理学のセミナーによっては、「纠結」を直接「選択恐怖症」として定義してしまうものもあるようです。

このような定義が妥当なものかどうかを判断することはここでの目的ではないのですが、2009年の流行語という文脈の中に置き直して、この言葉が使われるようになった背景について見てみましょう。同じ年に選ばれた流行語には、「蝸居」「蟻族」「被就業」などが入っていました。「蝸居」とは同名の小説およびそれを原作としたテレビドラマのことで、住宅価格が高騰する上海でマイホームを購入するために「かたつむりの殻のような狭苦しい家」で我慢して生活する若者カップルの生活を描

いたものです。「蟻族」とは大学卒業後に理想的な職にありつけなかったといった理由で、大都市の郊外の安いアパートなどで集団生活を送るホワイトカラーの若者たちです。「被就業」とは、卒業後は就職できていないにもかかわらず、大学の記録で就職した扱いになる偽装データのことです。

いずれも厳しい社会環境における若者たちの苦しい境遇を指すものとなっています。そのような環境にあって、彼らはほとんど選択の余地はありません。マイホームを購入しなければ都市での居場所はないし、不動産価格の高騰などでどんどん買えなくなる。大学を出ているのだから実家のある田舎に戻るという選択肢はなく、そうすると狭苦しい家で集団生活を送るのを我慢するしかないというわけです。

ここには大いなる皮肉、または矛盾があるように思います。なぜなら、この年には若者たちの生活における選択肢のなさを表現する言葉が多く流行語になっている一方で、選択恐怖症を示すとされる「纠结」もまた選ばれているからです。2009年の流行語大賞から見えるのは、実質的にはもはや選択することができないのに、表面上だけ選択するという形式のみが残され、「選択できないのは現実のせいではなく、あなたの心理的な問題なのだ」というメッセージを受け取っている若者たちの姿です。こうして多くの人が心理学に「救われていく」わけです。

jiāolǜ
3. 焦虑
焦慮する、焦燥感

例文

Tā zuìjìn yèjī bù hǎo, zhè ràng tā fēicháng jiāolǜ.
1. 他最近业绩不好，这让他非常焦虑。
　最近彼は業績不振で、非常に不安になっている
　（焦りを感じている）。

Guānyú jiéhūn zhè jiàn shì, māmā bǐ nǚ'ér hái yào jiāolǜ.
2. 关于结婚这件事，妈妈比女儿还要焦虑。
　結婚ということについて、母親は娘よりも不安
　で、焦っている。

Tā de shū ràng hěn duō mǔqīn cóng yù'ér jiāolǜ zhōng jiěfàng.
3. 她的书让很多母亲从育儿焦虑中解放。
　彼女の本のおかげで、多くの母親は育児の不安か
　ら解放された。

「焦虑」という言葉は「焦慮する」「焦燥感（をおぼえ
る）」といった意味で使われています。そして、おそら
く 2000 年代以降の中国をもっとも強く特徴づける言葉
の一つだろうといえる言葉です。というのも、世代を問
わず、2000 年代の中国人にとって「焦虑」という心理
状態は常に付きまとうものであり、そこから逃げように

も執拗に追いかけてくるものだからです。文字通り「全民焦慮」の時代です。

「纠結」の項目で述べた中国における心理学ブームという現象についてフィールド調査し、研究した英語の人類学の著作があるのですが、その名前もずばり『Anxious China（焦慮する中国）』です。

中国語には「焦慮症」という病名があり、これは日本語では「不安障害」と言われている心の病気です。たしかに、「焦慮」は「不安」という心理状態と関わる言葉です。しかし、中国語にも「不安」という言葉があり、日本語とほぼ同じ意味で使われていますが、そのイメージは「焦慮」とかなり異なります。不安は多くの場合において、不確実性に満ちた状況で経験される、何か悪いことが起きるのではないかといった心理状態のことを指しますが、中国語における「焦慮」は単にそのような不安の心理状態ではなく、その不安となる原因を何とか解決しなければという焦りも含まれています。

まず、**例文1**を見てみましょう。業績の不振が「焦慮」につながっていると言われています。言い換えれば、本来であれば業績はあるところまで達成しなければならないのに、それができていないということが彼の「焦慮」の感情をもたらしているということです。それは焦りと不安が入り混じった感情になるはずです。

次に、**例文2**を見ましょう。結婚することに対し、娘の母親のほうがはるかに焦り、不安になっていると述べ

ています。結婚は中国では単に恋愛して幸せになるための形というわけではなく、むしろ不確実性に満ちた社会をサバイブするために要請されるチームのようなものです。そのため、恋愛や感情はしばしば現実的な問題（主に経済的なものですが）ほど重要ではないと考える親が多くいます。娘が好きな人というよりも、彼女の経済的な生活にとって有用な男が良いということで、適齢期をすぎた娘のために焦ってしまうというわけです。

　最後に、例文3を見てみましょう。「育児焦慮」という言葉が出てきています。どのように子どもを育て、過剰に競争的な社会において生き延びさせ、成功させるかという問題は多くの中国人親の最大の関心事です。そのため、育児に際してもそのために最適だとされる方法を取ろうとします。「ほかの子どもはこれぐらいの勉強をして、これだけ多くの課外授業を受けているのだからうちの子も……でもなんでほかの子はあんなにできるのにうちの子はまったくできないのだろう……」というふうに、焦りと不安が強く育児の過程でのしかかってくるわけです。

　上の三つの例文は、「こうしなければならない」という外的な基準もしくは要求があり、それになるべく達しようとする（が、できないでいる）状態が「焦慮」である、という構造が共通しています。言ってみれば、そこでは人の内面的な必要——自分自身の興味関心、恋人に対する愛、子ども自身の気持ちなど——が犠牲にされ、

もっぱら外的なものを追い求めようとしているといえます。

　中国は、進学、就職、結婚、昇進、育児、介護などほとんどすべての面において中国人に「現実的」になること、つまり生き延びるために現実に適応することを過剰に求める環境になっています。そのため、外的な基準のために内面の気持ちが犠牲にされるべきだという規範が醸成されているとさえいえるところがあります。

　極端にいえば、「焦慮」は単なる心理状態ではありません。むしろ心理状態の欠如ともいうべき何かです。だからこそ、それは純粋に形式的なものとして、具体的な情景や事態から独立した、世界と向き合うための一つの方法または姿勢になることがあります。例えて言えば「○○がほしいなら焦ったほうがいいよ」と周りからしきりに言われているような状態です。誰もが焦慮するという環境において、自分だけ焦慮しないということはできません。簡単に現実によって淘汰されてしまうからです。「焦慮する」とは中国で生き延びるために要請されている態度でもあるということです。

　しかし同時に、「有情緒」の項目で述べたように、中国で生き延びるには動じないメンタルも要請されています。それを踏まえると、ここでは「焦慮するが、動じない人間」、つまり「不安に駆られた人間として行動するが、不安を感じない」という矛盾した人間像が姿を現します。

　第三節　もがく

chēngqiáng
4. 逞强
威勢を張る、強がる

例文

Tā zǒng shì zàiwài rén miànqián chēngqiáng, xiǎnshì zìjǐ de lìhai
1. 他总是在外人面前逞强，显示自己的厉害。
彼はいつも他の人の前では強さを誇示し、自分の
凄さを示そうとする。

Tā míngmíng zuò dé méiyǒu tā hǎo, què zǒngshì chēngqiáng hàoshèng.
2. 他明明做得没有她好，却总是逞强好胜。
彼は彼女よりも明らかに上手にできないのに、い
つも強がって勝とうとする。

Nǐ yī ge rén ná bù dòng, búyào chēngqiáng.
3. 你一个人拿不动，不要逞强。
あなた一人では持てないよ。無理をしないで。

「逞强」という言葉には辞書的に二つの意味がありま
す。まず、「強さを誇示する」こと、次に「空威張り」
や「強がる」という意味です。現在ではいずれの意味で
も使われることがありますが、全体としてそのイメージ
や使い方に興味深い変化が生じています。
　まず、「強さを誇示する」という意味について見てい
きましょう。たとえば例文1がその意味での使用例にな

ります。そもそも「逞」という言葉は「誇示する、見せびらかす」という意味を持つ言葉です。したがって、「逞／強」は文字通りの意味になります。ほかにも「逞能」、「逞英雄」などの使い方があり、いずれもこの「誇示する」の意味に沿った使い方となります。

次に、「空威張り」「強がる」という意味を見ていきましょう。例文２にある「逞強好勝」などが代表的な例となります。本来自分はそれほどの実力や能力を持っていないにもかかわらず、負けず嫌いであるがゆえに、あたかも持っているかのように見せようとする状態になります。自分の能力を実際以上に見せようとするという意味で、それは一種の欺瞞であり、そして自分の現実を受け入れようとしないという意味で一種の拒否なのです。

実際のところ、一番目の「強さを誇示する」という意味も、「本当はできないのに」という暗黙の想定が伴っている場合がほとんどなので、結果的に「空威張り」「強がる」という意味で使われています。

つまり、いずれの場合も実際は普通程度の能力しか持っていないのに、それを実際以上に強く見せようとすることを指しているということです。

日本語の「強がる」と同様に、そこには「見せる」という意識が介在しています。強さをどのように見せるのかということ、ふりをすること、偽装をすることが「逞強」と「強がる」の共通した性質です。

しかし、近年では「強いふりをする」というニュアン

スとは逆に、「弱さを見せない」という意味で使われることが多くなったように感じます。これは日本語における「強がる」という言葉の意味との差異を考えるうえでも有効な視点だと思います。

「強いふりをする」と「弱さを見せない」はだいたい同じような意味だと考える人がほとんどだと思いますが、実はそこに大きな差異があります。

たとえば、ある人が強さを誇示し、実際以上に自分を強く見せようとしていても、その人が弱いということにはなりません。スーパーでの買い物の帰りに格好つけて30kgの米袋をそのまま手で持って帰ろうとして、結果としてできなかった（実話）としても、その人が弱かったとは言えません。単純に持とうとしているものが重すぎたのです。

一方、「弱さを見せない」ということは、言い換えれば「平気なふりをする」ということでもあります。たとえば、ある人が一般的な人と比べて力が弱く、5kgぐらいの米袋でも持つのがすごく大変であるにもかかわらず、「私だってできるんだから」とみんなと同じように平気で持てることを示そうとすることがそれに当たります。つまり、それは強く見せようとしているのではなく、普通に見せようとしているのです。

「飾り立てる」ことが、何かを「隠す」ために行われる場合があるとしても、その二つが同じ意味ではないのと同じように、実際以上に強く見せることと弱さを見せ

ないことは、重なる部分があっても、意味としては大きく異なっています。

　ここには下のような二つのベクトルがあります。

　　　強いふりをする：　普通　→　強い
　　　弱さを見せない：　弱い　→　普通

　それぞれのベクトルで前提となるもの、デフォルトとなるものが異なっています。普通から出発するか、それとも弱さから出発するかでかなり異なるシチュエーションが想定されることになるのではないでしょうか。

　例として、近年の中国のポップミュージックなどの歌詞を見ましょう。「逞強」が使われる典型的なシチュエーションは、別れてしまった恋人が別の人と幸せに暮らしているのを見る、といった場面です。「私」はその恋人のことをなお愛していて、忘れられずにいても、平気なふりをして祝福し、一人になったときにそういった偽装をやめて涙を流します。

　さらに、ネットでは個人の感情の問題より広くこの言葉を捉え、「逞強」を「独立」と対立させて考える投稿もあります。個人的に説得力があると思ったものを紹介しましょう。その投稿者によれば、「独立」とは自分で黙って涙を拭うことであるのに対して、「逞強」は涙がこぼれないように懸命に我慢していることなのです。つまり、「独立」とは苦しい現実を受け入れ、解決法を探

る姿勢であるのに対して、「逞強」はその現実からも、自分の弱さからも目を背けることなのだということです。

　流行の曲における使い方やネットにおける議論は、それがイメージや用法としてすでに一般化していることを示しているように思います。それをさらに敷衍すれば、弱さ、それも傷が伴う弱さがデフォルトとなっていること、そして、その弱さをなるべく見せないようにしなければならないというプレッシャーがあることが読み取れるのではないでしょうか。

　中国では、あるいは日本でもそうかもしれませんが、「普通」であるのは、とても難しいことになっているのです。

5. 別扭
biéniu
ぎこちない、ケンカ、ひねくれている

例　文

1. Tā shuōhuà hěn biéniu.
他说话很别扭。

彼は話し方がぎこちない。

2. Tāmen liǎ zài nào biéniu.
他们俩在闹别扭。

その二人はケンカしている。

3. Tā zài shēngrén miànqián zǒng juéde biéniu.
她在生人面前总觉得别扭。

彼女はよく知らない人の前でいつも居心地が悪い
と感じる。

4. Wǒ xiǎng gǎibiàn zìjǐ biéniu de xìnggé.
我想改变自己别扭的性格。

私は自分のひねくれた性格を変えたいと思ってい
る。

「扭」とは「ねじる」「曲がりくねる」「くじく」など
の意味をもつ言葉です。イメージとしてはまっすぐには
なっておらず、一筋縄ではいかない、または素直ではな
い状態だと考えられます。

「別」は第四声（biè）で使われる場合は「（他人の頑固な意見を）変えさせる，改めさせる」という意味があるようです。また、筆者の出身地である中国の東北地方では「ひっかかる」といった意味で使われることもあります。つまり、いずれも一筋縄ではいかない状態、素直ではない状態に向き合ったり、自ら陥ったりするというイメージになっており、「扭」のそれと共鳴しているわけです。

　二つの言葉があわさって、「別扭」の「ぎこちない」「ひねくれている」「やっかい」「通りが悪い」という意味になっているわけです。

　例文1を見てみましょう。彼の話し方が「別扭」ということですが、このままでは実は何を指しているのかを判断できません。人のことを揶揄したりするから「ひねくれている」という意味かもしれないし、発話者とそりが合わない、または単に「わかりにくい」という意味かもしれないのです。具体的に何を指しているかは文脈によって変化するというわけです。ただ、そこで表現されている基本的なメッセージとは、彼の話し方によって発話者との関係がうまくいかない、通りが悪いということです。

　ここで重要なのは、それはいわゆる話し方が失礼、ないし侮辱的であるといった、直接的なうまくいかなさではなく、あくまで間接的なうまくいかなさだということです。

そのことを踏まえて**例文2**を見てみましょう。**例文2**は、要は二人がケンカしているという意味になりますが、どなり合うといった直接的で激しいケンカではなく、すれ違いなどによって関係がギクシャクしてもめている、または冷戦状態のほうを想起させやすい言い方です。「別扭」はぶつかり合うような直接的なケンカではなく、回りくどさやぎこちなさを特徴とする間接的なケンカを指す場合が多いと言えます。

　中国人初のノーベル文学賞作家である莫言の小説『蛙』では、上の意味を拡張した、もしくは比喩的に用いている箇所があります。土地で全く作物が育たないことを、土地と農民が「闹別扭」しているというふうに形容しているのです。ここでは土地が擬人化されており、二人の人間の間接的なケンカを想起させる言い方になるでしょう。その際、対比されているのはたとえば洪水や暴風のような激しく、直接的な天災です。

　いずれも関係性がねじれている、うまくいかないといったイメージで形容されていることがわかります。しかし、近年になって関係性よりも、たとえば**例文4**のように、個人の性質や性格を「別扭」と形容することが多くなっているように見受けられます。

　実際、中国のSNSなどで「別扭」と検索すると、個人の性格のことを指す使い方が多く、「知乎」ではほとんどがその使い方になります。

　このような意味の変化をどのように捉えたら良いので

しょうか。一つ考えられるのは、関係性の問題から個人の問題への移行は、何が可変的で、何が不変的なのかに関する意識の変容が伴っているということです。

　社会と社会との関係性、個人と社会との関係性、個人と個人との関係性はかつて可変的なものであり、衝突や矛盾を伴いながらも交渉次第でいくらでも変更することが可能、もしくはそうだと思われていました。しかしながら、現実社会が厳しさを増していき、こういう結果を得るために関係性の中でこう振る舞わなければならないといった規範が強まっていくと、関係性そのものが不変なものとして現れます。そうすると、悪いのは関係性ではなく、それに適応できない個人ということになってしまいます。上司や同僚との関係がうまくいかないのは、彼らがいじわるだからではなく、私の性格が「別扭」だからということになるわけです。

　そうなると、もはや関係性の中で交渉や調整に努めるのではなく、個人は永遠に終わらない自己反省ないし自己嫌悪の中でもがきつづけることになります。

　とはいえ、私はどうせ「別扭」な人間だから、そして性格というのは簡単に変わるものではないからこれ以上まわりの人たちに無理やり合わせる気はない、という一種の開き直りをも可能にしているように思います。さらに、自分の「別扭」について開き直っているネットユーザーの言葉を借りれば、「世界这么大，肯定会有你的容身之所（世界はこんなにも広いから、きっと自分を受け

入れてくれるような場所もあるだろう）」というふう
に、特定の集団を超えて、より広い世界に向かって一歩
踏み出すための条件にもなるでしょう。

第四節　絶望する

1. 灰心
huīxīn

落胆する、気が滅入る

例文

---

1. Fù chūle hěn duō, què méiyǒu dédào yīngyǒu de huíbào, zhè ràng wǒ gǎndào hěn huīxīn.

   付出了很多，却没有得到应有的回报，这让我感到很灰心。

   多くを尽くしても、それに見合う見返りを得られず、私は非常に落胆している。

2. Zuì ràng tā huīxīn de shì shēnghuó zhōng méiyǒu rènhé néng ràng tā juéde zhídé fèndòu de mùbiāo.

   最让他灰心的是生活中没有任何能让他觉得值得奋斗的目标。

   彼を最も落胆させたのは、努力する価値のある目標を見つけることができなかったことだ。

3. Tā běnlái hěn yǒu xìnxīn, dànshì què bèi shàngsi fǒudìng le, suǒyǐ zuìjìn yǒuxiē huīxīn.

   他本来很有信心，但是却被上司否定了，所以最近有些灰心。

   彼はもともと自信に満ちあふれていたが、上司に否定されたため、最近は少し落胆している。

4. Yìqíng qījiān, bùnéng chūmén, bùnéng yǔ qīnyǒu xiāngjiàn, ràng hěnduō rén dōu gǎndào huīxīn sàngqì.

   疫情期间，不能出门，不能与亲友相见，让很多人都感到灰心丧气。

   感染症が流行している時期は、外出できず、家族や友人に会えないため、多くの人が落胆している。

「灰心」という言葉は辞書的には「気が滅入る」「落胆する」「がっかりする」といった意味を持っています。ただ、その実際のイメージはもう少し複雑です。例文でそれが具体的に使われている文脈を見て、そのイメージを確認しましょう。

　例文1では、多くを尽くしたにもかかわらず、何の見返りや成果が得られないことが「灰心」につながっているということが述べられています。言い換えれば、自分の努力に見合うような、もらうべきものをもらえなかったこと、正当な期待が裏切られたことが「灰心」という感情を引き起こしているということです。

　例文2では、自分の人生に進むべき方向性や目標を見いだせないことが、彼を「灰心」の状態にすると述べられています。そのような方向性や目標があること、そしてそれに向かって一生懸命進んでいくことが良い人生のあり方として前提されているが、そもそも方向性も目標も見いだせないことが問題を引き起こしているのですね。

　例文3では、自信満々の状態から、上司の否定によって「灰心」の状態になってしまったと述べられています。もしかしたら「どうせ僕なんて何もできやしないんだ」といじけてしまっている状態になっているのかもしれません。それも「灰心」の状態の一つだといえます。

　まとめると、「灰心」とは「あるべき良い状態が想定されていて、それに向かって努力したが、まったくの失敗に終わってしまった後の心理状態」のような、「期待

と裏切り」の後の状態になるかと思います。さらに、その失敗が連続していたり、どこにいっても壁にぶつかり、何もかもうまくいかなかったりする場合はその度合いがさらに強まるでしょう。

その結果として、目標を失うこと、進むべき方向を見いだせないこと、未来に対する期待を失うことがもたらされます。そのように見ると、「灰心」とは絶望の一種とも捉えられるように見えます。

ただ、「灰心」という言葉の独特なイメージのため、絶望とも少し微妙な違いが生じています。それについても見ていきましょう。

文字通り、この言葉は心が灰になるという比喩的なイメージを持っています。

似た表現に「心如死灰」というものもあります。「灰心」より強い言い方となっているが、基本的な意味やイメージは同じです。「死んだ灰」とは冷えた灰のことです。それはもはや熱を帯びず、燃料としての性質を失って再び燃えることがなくなったという意味で死んでいるということです。心がもはや何かによって情熱を燃やすこと、目標に向かって頑張りたいと思うことができない状態になってしまったことを指しています。

「知乎」では「あなたがもっとも「灰心」だと感じるのはどのようなときか」というスレッドが立てられています。それに対するリプライをいくつか見ていきましょう。（知乎「你觉得最灰心的时候 是什么时候」）

・家族によって否定され、頭から足まで何もかもダメ出しされたとき。
（皮卡卡、2018 年 10 月 8 日）

・卒業後、悪い上司にだまされて、給料を搾り取られ、今の仕事〔を続けること〕にとても抵抗があった私は、（中略）母と父にも「家に帰っておいで」と優しく言われた。その結果、家に帰って 1 日足らずで、家事全般をこなし、少しゲームをするというだけでも小言を言われた。1 カ月も経たないうちに、両親から直接、働きに出るように言われ、休む暇さえなかった。気持ちがとても重く、苦しい。それ以上私に無理強いするなら春節でも家に帰らないと言ったが、それでも外に働きに出るように強制した。（中略）落胆した（＝灰心）のは私を無理やり働きに行かせたためではない。雨風を凌げる避難港となるべき場所がもはやなくなってしまったこと〔が私を落胆させたのだ〕。
（Mori 小熊君、2018 年 11 月 4 日）

・人生の最初の 20 年で、何ひとつやり遂げたことはなく、何事にも成功していないと気づいたとき。
（亜米，学生、2019 年 3 月 28 日）

　連続する失敗、うまくいかなさ、さらに親や社会から承認が得られないことが述べられています。そして、それらが投稿者たちを「灰心」の状態にしています。自分

の自分に対する期待、社会に対する期待、家族や社会からの期待、それらはいずれも満たされず、さらに否定の言葉を投げかけられたりしています。

　注意すべきは、単に成功できないことが「灰心」をもたらしているだけではないということです。さまざまな失敗や困難によって意気消沈している時に本来無条件に自分を受け止め、厳しい社会からの避難所として期待されている家庭からも見放されていることも「灰心」の理由となっています。失敗してもそれを受け止め、再び前進する力をくれるような場所や契機さえあれば、人は「灰心」にならない、もしくはなっても立ち直ることができるが、そのような場所さえなくなってしまった場合、文字通り「死んだ灰」のように永遠に冷え切ったままでいることになってしまいます。

　では、「絶望（絶望する）」と「灰心」はどこが異なっているのでしょうか。前者はある種の苦しみや悔しさをもっている、すなわち希望を強く求めているからこそ絶望感も強くなります。両者は一種の表裏の関係をなしているわけですね。それに対して「灰心」は理念的には「何もかも無意味である」という、絶望と希望のダイナミックな関係性すらなくなった状態、何かに期待を寄せるための土台すら掘り崩されている状態を指しています。究極的にその状態では、（特定の対象に対して）絶望することすら無意味だと感じてしまうかもしれません。

2. 迷茫
mímáng

茫漠としている、当惑する

例文

Wǒ cízhí hòu duì rénshēng gǎndào mímáng.
1. 我辞职后对人生感到迷茫。

　私は辞職した後は、人生に迷いを感じるようになった。

Tā duì wèilái chōngmǎnle mímáng, bù zhīdào gāi zěnme bàn.
2. 他对未来充满了迷茫，不知道该怎么办。

　彼は未来に対する迷いに圧倒され、どうすればいいのかわからないでいる。

Tā de yǎnshén hěn mímáng.
3. 她的眼神很迷茫。

　彼女の目はとてもぼんやりしている。

Miànduì zhè gè wèntí, tā gǎn dào mímáng hé wúzhù.
4. 面对这个问题，他感到迷茫和无助。

　その問題に対して、彼は困惑と無力さを感じている。

　「迷茫」には二つの意味があります。「茫漠としている」や「広々としてはっきり見えないさま」と、「困惑する」や「当惑する」です。

内面に関わるものとして、二つ目の意味を取り上げて見ていきますが、一つ目の意味もしくはイメージは「困惑」と「当惑」の具体的な内実に影響を与えてもいます。それを考慮にいれると、実はこの言葉を辞書のように「困惑する」「当惑する」というふうに訳すのはむしろ適切ではない場合も多いことに注意しましょう。

　「迷茫」には「迷」という字が入っています。日本で「迷い」「迷う」といった時、一般的には二つの状況が考えられます。一つは目的地が決まっていて、ただどうやってそこにたどり着くのかわからなかったり、間違った道に入ってしまったりした時です。もう一つは、複数の目的もしくは選択肢が用意されている中で、どれにするか決めかねているという状況です。しかし、「迷茫」は二つ目の状況も表現できるとはいえ、その二つとも異なる状況も表現できます。

　これらを踏まえて具体的に見ていきましょう。

　まず、一つ目の「茫漠としている」という意味のイメージを見てみましょう。そこは広々とした場所で、何があるかはっきりと見えません。そうすると、目印となる場所、つまり目的地の候補になる場所も当然見つかりません。

　これを二つ目の「困惑する」という意味に繋げて考えてみると、「私はいったい、どこに向かえばいいのだろうか」という困惑した状態になります。つまり、一つ目の意味は空間的な情景の描写、そして二つ目の意味はそ

の情景に対する気持ちの描写から派生したものだということです。現在ではこの言葉は気持ちの形容のために使われることが多いです。

　次に、これを踏まえてその困惑や迷いの内実を見てみると、それはどれを選べばいいのかと迷い、困惑することではなく、そもそも選択肢も目的もなく、さらにそれらを選ぶ基準もなく、途方に暮れるという心理状態になります。まさに、茫漠とした砂漠または海の中で方向や目的を見失ったというイメージですね。

　以上のイメージを踏まえて例文を詳しく見ていきましょう。

　例文1では、辞職をした後に、人生に対して「迷茫」と感じているということが述べられています。次の仕事はどうするか、自分は本当は何をしたいのか、「したい」という基準で仕事を選んでいいのか、そもそもなぜ働かなければならないのか……。ここではまさに目的、もしくは選択肢そのものの喪失によってもたらされた途方に暮れる感覚が述べられているといえます。そこには選択肢がなく、選択肢を絞るための基準もないのです。

　例文2はもっとストレートにそのことを述べたものです。未来に対して「迷茫」を感じていて、「どうすればいいのかわからない」と文字通りに途方に暮れています。ここでは未来は「不確実性」の象徴として、「彼」を圧倒してしまっています。

　例文3は目、すなわち外見を形容する言い方です。

「目」を「表情」に置き換える場合もあります。目が「迷茫」である状態とは、簡単にいえば焦点があっていない状態です。何を見て、焦点をあわせるべきかをしっかりと決定できない状態において、世界は文字通り漠然としたものになるでしょう。その点において、それは比喩的に、精神の焦点があっていないこと、はっきりとした像を結ばないこと、言い換えれば、未来や前途に対するヴィジョンが浮かばないことの表現になることができるのです。

　いずれも「途方に暮れる」という感覚が表現されていますが、その結果、**例文4**のように「无助（無力さ）」という言葉と一緒に使われることもあります。つまり、自分で自分を助けることもできず、ほかの誰の助けも期待できないという絶望的な気持ちになってしまうのです。

bēngkuì
3. 崩溃
崩壊する、感情の自制ができなくなる

例　文

Jīngjì zhèngzài miànlín bēngkuì.
1. 经济正在面临崩溃。

経済は崩壊の危機に直面している。

Wǒ de jīngshén kuài yào bēngkuì le.
2. 我的精神快要崩溃了。

私の精神はもう限界だ。

Tā de chūguǐ ràng wǒ bēngkuì, wúfǎ jiēshòu.
3. 他的出轨让我崩溃，无法接受。

彼の浮気に私は大きなショックを受け、受け入れ
ることができずにいる。

Gōngzuò shàng de dǎjī jiā shàng jiātíng de bùxìng shǐ tā chèdǐ bēngkuì le.
4. 工作上的打击加上家庭的不幸使他彻底崩溃了。

仕事の失敗と家族の不幸が彼を完全に打ちのめし
た。

「崩溃」について、辞書では「国家・政治・経済・軍
事などに用いることが多い」といった記述がメインとな
っています。**例文1**はまさにその用例であり、経済が崩
壊寸前であることが述べられています。

この用法では、国家や政治、そして経済などの組織や
システムの解体や崩壊を指すことが多く、ダムが決壊す
るように、秩序立った状態が一気に崩壊していくイメー
ジです。逆に言えば、そこでは常に崩壊に先立つ秩序や
システムが前提とされているということでもあります。

　そのような辞書的な意味に対して、今では感情（の抑
圧）が限界を迎えたということを表す用法が優勢になっ
ているように思われます。**例文**2、3、4はその用法で
す。特定の問題が人々の感情的、精神的なバランスが崩
壊（寸前）のところまで追い詰めています。

　システムや組織など社会の状態（の崩壊）を表す言葉
から、個人の感情（の崩壊）を表す言葉への変化が生じ
ているということですね。それは確かに変化ではありま
すが、こういうふうに考えることもできるのではないで
しょうか。すなわち、社会と個人の感情は相似なもの、
相通じるものとして捉えられるようになったのではない
かと。

　言い換えれば、感情は社会集団と同様に、そのままで
は承認され、肯定され、受け入れられるようなものでは
なく、ときには抑圧を伴いながらも維持し、運営しなけ
ればならないものだということが前提とされるようにな
ったのではないかということです。個人的な感情の自己
管理と自己運営というものが要求されるようになったと
もいえます。

　日本でも自己責任論といったものが盛んに唱えられて

いますが、その背後にも同様の、合理的な自己管理ない
し自己運営を要求する論理が潜んでいるといえるかもし
れません。そのような抑圧によって、システムが最大限
に低コストで効率的に運営されていくことが可能になる
わけです。

　しかしながら、この推測の延長線上で考えると、感情
の崩壊は「否定的なもの」ではありますが、一概に「悪
いもの」とはいえないはずです。

　なぜなら、それまで感情は何らかの目的、中国の場合
は学業、事業、権力における成功といった功利的な目的
のために管理され、運営され、抑圧されてきたわけです
が、その崩壊は抑圧に対する拒否として現れることがあ
るからです。つまり、その崩壊は個人の感情において現
れるものだが、それを引き起こすのは外部によるプレッ
シャーや理不尽な要求であり、責任の所在は必ずしも個
人にはないことが含意されます。それがいわゆる自己責
任論とは異なる部分になるでしょう。

　具体例で考えてみましょう。

　中国では防犯目的で家にセキュリティカメラを設置す
ることが多いのですが、そこで記録された動画がよく
SNSに投稿されています。筆者がよく見かけるのは、
夫や家族の不在などで、一人の育児に耐えかねて感情が
「崩潰」し、夜泣きする子どもの横で大泣きする母親と
いった内容の動画です。その下に共感や労りのコメント
が多く寄せられ、なぜ母親をそこまで追い詰めたのかと

いった批判も見られます。

　つまり、その母親の「崩潰」は、彼女に対して押し付けられてきた秩序（女は子どもを見るのは当たり前、男は妻の産後でも普通に働くべき、地域の子育て支援は必要ない etc.）自体の崩壊を表象し、それに対する共感を可視化することで反省と批判を可能にしているわけです。

　実際に、現在では「崩潰」はかなりカジュアルに使われています。たとえば**例文２**を簡略化して「我要崩潰了」と言えば、「もう無理」「もう嫌だ」といった意味のカジュアルな言い方になります。ただ、日本語の「もう無理」「もう嫌だ」という拒否に対して、それでも「もうちょっと頑張ってくれ」といった形の返事が可能です。それに対して、中国の「崩潰」は拒否ではなく、もうどうしようもない状態にまで来ているということを強調する言い方となっており、「頑張れ」や「甘えるな」とはなかなか言えません。

　その意味で、この言い方が要求するのは励ましというよりも、「本当につらかったんだね」といった共感であり、さらに人をそこまで追い詰めた状況そのものがおかしいという認識の共有である場合が多いと考えられます。それは自分の心身の状態を適切に管理しながら、あくまでシステムの適応を要求する「自己責任論」の類の言説とは対極にある態度だといえるのではないかと思います。言ってみれば、それは連帯の条件にもなりうるということです。

実際、中国における民衆による自発的な社会運動もまたそのような「崩潰」によって基礎づけられていることが多いように感じます。

qiānchuāngbǎikǒng
4. 千疮百孔
穴だらけ傷だらけ

例文

Zhè suǒ fángzi wàiqiáng qiān chuāng bǎi kǒng, pòjiù bùkān.
1. 这所房子外墙千疮百孔，破旧不堪。

この家の外壁はぼろぼろで、ひどく傷んでいる。

Guójiā jīngjì qiān chuāng bǎi kǒng, gèzhǒng wèntí céngchùbùqióng.
2. 国家经济千疮百孔，各种问题层出不穷。

国家の経済はぼろぼろな状況で、さまざまな問題
が次から次へと現れている。

Lǎorén shēnshàng bùmǎn shānghén, xīnlíng yě qiān chuāng bǎi kǒng.
3. 老人身上布满伤痕，心灵也千疮百孔。

老人の体は傷だらけで、心もぼろぼろになってい
る。

Guòyú fánzhòng de gōngzuò ràng wǒ de shēnghuó qiān chuāng bǎi kǒng.
4. 过于繁重的工作让我的生活千疮百孔。

過酷な仕事は私の生活を破壊している。

Tóngjū wǔ nián, wǒmen de guānxi yǐjīng qiān chuāng bǎi kǒng.
5. 同居5年，我们的关系已经千疮百孔。

同居して5年が経って、私たちの関係はすでに
壊れかけている。

元は「百孔千瘡」という言葉で、唐代の詩人である韓愈の「与孟尚書書」が初出とされています。かなり歴史のある四字熟語、すなわち「成語」ですね。

　この言葉が伝えるのは「穴だらけ傷だらけ」というイメージで、手抜かりや欠点が多い状態、もしくは破壊の状態が著しい、ぼろぼろの状態などを形容しています。歴史の長い成語なので、使用の範囲は非常に広いのですが、ここでは現在比較的多く見られる用法に絞って、そのイメージと用法を見ていきます。

　例文1は、家屋の外壁が傷やひびだらけで、古くてぼろぼろの状態であることを「千瘡百孔」で形容しています。**例文2**は国家経済が「千瘡百孔」だと言うことで、それがさまざまな深刻な問題を抱えていること、ぼろぼろで崩壊寸前であることを表現しています。

　前者が、家が文字通り「穴だらけ傷だらけ」という状態になっているのに対して、後者は比喩であることがわかります。このように、現在では比喩的にさまざまな対象や状態に対して使われるようになっています。

　例文3では、心を傷つけられて「千瘡百孔」になっていると言われています。それは回復が見込めないほど心が傷ついた状態、さらに言えば絶望した状態を形容しています。「穴だらけ傷だらけ」になっているのは、主に外部から与えられたダメージによってです。だから、勝手に個人が絶望しているのではなく、さまざまな事件を経験してそういうふうにされてしまったというイメージ

になるでしょう。

　また、**例文4**のように、生活が「千疣百孔」であるというふうに使うこともあります。この場合、日常生活においてさまざまな深刻な問題や間違いを抱えていることを指すと同時に、そのさまざまな問題や間違いが生活全体に対して修復が絶望的なダメージを与え、立ち行かなくさせてしまっているという状態も強調しています。「穴だらけ傷だらけ」というイメージで、生活がいずれ破綻してしまうという絶望的な状況を表現しているというわけです。

　ほかにも**例文5**のように、個々人の間の関係性──主に親密な関係性が崩壊しかけていることを形容する用法も見られるようになっています。小さなすれ違いから、大きな対立に至るまで、さまざまな問題や対立を抱えた関係性はもはや維持できなくなる寸前だということです。

　以上の用法におけるイメージをまとめながら、さらに深く掘り下げてみましょう。

　まず、それは「穴だらけ傷だらけ」というイメージを中心に据えています。**例文1**は物理的な対象に対して、文字通りにそのぼろぼろの状態を形容しているのに対して、**例文2、3、4**のように比喩的に使われることもあります。

　第二に、それは崩壊寸前にあるという状態を含意しています。言い換えれば、それは崩壊そのものではなく、「このままいけば崩壊は避けられないだろう」という、

崩壊に対する予感や予測を形容する言葉です。そして、まさにこの点においてそれは「何もかもが終わってしまった」という絶望そのものではなく、「絶望的な状況へと突き進んでいる」という認識がもたらす、絶望の予感を表しているのです。

　第三に、その穴や傷は外部によってもたらされたこと、もしくはすべてが特定の何かまたは誰かのせいによってそうなったのではなく、さまざまな問題が絡み合って全体としてそうなってしまっているということを含意しています。「千」「百」という数に対する誇張表現はある種の巨大なスケール、すなわち全体性を表現しているのです。そのため、その解決は単純なものではありえないし、その複雑さは手に負えないものであるということが修辞的に強調されています。

　最後に、物理的な対象に対する文字通りの形容を除いて、比喩的な用法は単純な対象だけでなく、経済、心、生活、関係性といった、ある程度複雑性をもったシステムや有機的な対象を形容する傾向にあることがわかります。そして、その傾向は最終的に世界そのものが「千瘡百孔」であることの形容さえ可能にするのです。

wúfǎ zìbá
5. 无法自拔
自分で抜け出すことができない

例文

Wǒ duì tiánshí shàngyǐnle, yídàn kāishǐ chī jiù wúfǎ zìbá.
1. 我对甜食上瘾了，一旦开始吃就无法自拔。

甘いものに目がなくなってしまった。いったん食べ始めるともう自分をコントロールできなくなってしまう。

Tā wèi dǔbó ér fēngkuáng, yǐjīng wúfǎ zìbále.
2. 他为赌博而疯狂，已经无法自拔了。

彼はギャンブルに狂っており、もうそこから抜け出せなくなってしまった。

Wǒ chénnì yú shèjiāo méitǐ, wúfǎzìbá.
3. 我沉溺于社交媒体，无法自拔。

私はソーシャルメディアにどっぷりと浸かってしまい、抜け出すことができない。

Tā de tiányán mìyǔ ràng wǒ shēnxiàn qízhōng, wúfǎ zìbá.
4. 她的甜言蜜语让我深陷其中，无法自拔。

彼女の甘い言葉に私は深くはまってしまい、すっかり虜になってしまった。

もともと「自拔」は苦しみや罪悪から自ら抜け出すことを指す言葉でしたが、現在では「不能〜」「无法〜」といった否定形の言葉をつけて、何かが好きでハマってしまって抜け出せなくなったことを表す用例が増えています。同時に、否定的な感情に陥って、それにとらわれてしまう状態を指すこともあります。

　具体例を見ていきましょう。

　例文1では、甘いものを食べると「无法自拔」の状態に陥ってしまうことが述べられています。これはかなりカジュアルな使い方で、「〜に目がない」といったニュアンスになるでしょう。

　それに対して、**例文2**では、狂うほど賭博にハマって抜け出せなくなってしまったことが述べられています。この例文から、その人の生活全体が賭博によって狂わされてしまっている／されるだろうということが読み取れます。また、**例文3**はSNSにハマってしまったと述べており、SNS中毒の状態になっていると考えられます。

　さらに、**例文4**のように恋愛感情に対してもこの言葉が使われることがあります。この場合、その人が好きすぎて、世界全体がその人を中心にまわっているように感じてしまうということが含意されています。

　上の例からわかるように、「无法自拔」は「上瘾（中毒）」や「疯狂（気が狂っている）」という言葉とともに使われることが多くなっています。その対象とは、ゲームであったり、異性であったり、テレビドラマやアイ

ドルだったりします。すなわち、人を狂わせるほど中毒性のあるもの、人を過剰に依存させるもの、病みつきになるものによって、すべての注意力と関心を引きつけられ、価値判断の基準などが規定されてしまっているといったイメージになるでしょう。

そのように見ると、この言葉の使い方には一種の両義性というか、対立があることがわかります。一方では、その対象のことを大変好んでいるということが含意され、そしてその感情自体は喜ばしいものだと言えます。他方では、その好む度合いがあまりにも過剰だったり、周りや社会から見て「中毒」のような状態になっていたりしていると判断された場合、それは非常に好ましくない、ないし社会的に害悪をもたらす状態だと思われるでしょう。

2000年代の中国は常にこの対立状態に悩まされてきたといえます。ケーキを食べたり、お酒を飲んだりすることが非常に好きで、日々のストレスを和らげ、発散させているだけなら社会的に問題になることはないのですが、社会の基準とは完全に異なるような行動に導いてしまうような「中毒」に対し、中国の社会は容赦しません。

その象徴的な例がインターネット中毒やゲーム中毒から救うという名目で子どもを監禁し、電撃を与え、多くの死傷者を出した楊永信という人物でしょう。2000年代初頭の中国ではインターネットやオンラインゲームが若者たちの文化の中心となり、全国各地にネットカフェ

ができました。多くの若者が、過酷な受験戦争に耐えられず、学校から抜け出してはネットカフェに入り浸ることが社会問題として取りざたされるようになったのです。そこで、悩める親や教師の救世主として楊永信が登場し、子どもや若者を監禁して電撃を与えるという人権を無視した診療所を開き、支持を受けたのです。

　しかしながら、ネットやオンラインゲーム中毒に陥った子どもや若者たちを問題行動に走らせたのはネットやゲームではなく、過剰な競争を強いて、子どもたちから承認や自己実現の可能性を奪った教育や社会でした。それに対して、ネットやゲームは彼らに本当の意味での承認や自己実現の実感、社会に対する絶望への共感を与え、まさにその点において、彼らに過酷な現実に対抗する力を与えたのです。

　90後世代の気持ちを代弁する作家、エッセイストの蒋方舟の言葉を引用しましょう。

　　私にとって興味深かったのは、長時間インターネットに入り浸った少年たちの目だ。彼らはネットカフェのドアを開けて外に出ると、いつも立ち止まって目を細め、異星から来たかのような視線で、何年も生きてきた現実世界を見つめるのである。
　　インターネットは脆弱な高台を提供した。そこでは現実生活から完全に離れることができ、私たちが生きている世界や社会の習慣をより批判的に見るた

めの方法が提供される。知らない人からの熱烈な称
賛や共感は、私たちに教師や親たちの偽りの外套を
残酷に、非情に脱がせる方法を教えてくれた。危う
い高台に立ち、高みから見下ろすことで、私たちは
大きな満足感を得ることができた。盲人の国では、
隻眼の人が王として君臨できる。彼は自由を手に入
れたからだ。
（蒋方舟《我承认我不曾历经沧桑》广西师范大学出版
社、2013年）

「〜上瘾（中毒）」が、中国ではしばしば社会問題の表
現になってしまう理由はここにあります。そこでは社会
に対する絶望と、自由への渇望が同時に表現されている
のです。現在ならアイドルに対する熱狂において、それ
が現れているかもしれません。

6. 恐惧
kǒngjù
恐怖を感じる、怖がる

例文

Tā duì wèizhī de dōngxi gǎndào kǒngjù.
1. 他对未知的东西感到恐惧。

彼は未知のものに恐怖を感じる。

Xīn guān bìngdú yǐnqǐle gōngzhòng de kǒngjù hé bù'ān.
2. 新冠病毒引起了公众的恐惧和不安。

新型コロナウイルスは、一般の人々に恐怖と不安
を引き起こした。

Kǎoshì qián de kǒngjù qíngxù ràng tā hěn nán rùshuì.
3. 考试前的恐惧情绪让他很难入睡。

試験前の恐怖心が彼の眠りを妨げている。

Zhège guójiā de rénmen kǒngjù zhèngzhì pòhài.
4. 这个国家的人们恐惧政治迫害。

この国の人々は政治的な迫害を恐れている。

　中国語には怖がるという意味の言葉がいくつかあります
が、ここでは「恐惧」を取り上げます。辞書的にそれ
が中国語の「恐怖」と異なるのは、「恐怖」が形容詞と
_{kǒngbù}
して対象の性質を表しているのに対して、「恐惧」は
「怖がる」という動詞の意味と、「怖い」という気持ちを

表す用法があるところです。たとえば、「恐怖」は主に「那个人很恐怖（その人はとても怖い）」というように、対象が客観的に持つ怖さを引き起こす性質を指すことが多いのに対して、「恐惧」は心の中の強い不安を伴った恐れの感情を強調することができます。そのため、「那个人很恐惧」と言う場合は「その人はとても怖がっている」という意味になります。

　そのことを踏まえて**例文1**を見てみましょう。「对（対象）感到恐惧」や、「让（人）感到恐惧」といった使い方は、「恐惧」が気持ちを表す用法の一般的な例です。

　ここでは「未知なもの」に対して「恐惧」を感じているということが述べられています。その際、対象の性質そのもの（「対象Aは○○だから怖いのだ」）ではなく、その性質を知らないという状態に恐怖を感じているということになります。

　例文2は、新型コロナウイルスの流行という事態が、人々の「恐惧」と不安の感情を駆り立てていることが述べられています。**例文3**はテスト前の「恐惧」の感情について表現しています。この二つの場合はいずれも未知なものではなく、リスクや失敗に対する恐れの感情を表していることがわかります。

　こういったリスクや失敗に対する恐れの感情とも関連して、中国語では「○○恐怖症」は「○○恐惧症」と言います。いわゆる病名だけでなく、非常に恐怖を感じるということから、単に苦手だということまで、幅広く

使われています。

　例として、よく言われるようになった「選択恐惧症（選択恐怖症）」という言葉を取り上げましょう。それは文字通り、与えられた選択肢の中から選ぶことができない性質を指しています。第三節2「纠结」でも触れたように、中国の若者の多くが、自分は「選択恐惧症」であると感じています。彼らは進路という一大事から、夕飯は何を食べるかに至るまで、すべてにおいて選ぶことが困難であると感じてしまいます。

　なぜ選ぶことがこうも困難に感じられてしまうのでしょうか。

　「選択恐惧症」の者にとって、与えられたどの選択肢も完璧ではないように見えます。それゆえに、どれを選んでも相応のリスクを負わなければなりません。また、それは絶対的に良い選択肢もなければ、絶対的に悪い選択肢もないということでもあります。言い換えれば、そこでは絶対性や確実性が欠如しているのです。

　それに加えて、何事も損得をしっかりと計算してから決めるべきだという功利主義的な規範を採用するプレッシャーが、中国では特に強いという背景があります。

　その意味で、どうしたら一番良い選択肢を選ぶことができるのだろうか、という疑問にとらわれてしまう「選択恐惧症」の状態は、選択することに対する恐怖というよりも、どうすれば利益を最大限実現できるのかという未来に対する強い不安や恐怖がすべての選択の場面に影

響を与えてしまっているといったほうが適切である場合が多いように感じます。

　不確実性に満ちた世界で、自分の生活をなんとか確実なものにしたいという気持ちが過剰になったことが「选择恐惧症」につながったということです。

　「社交恐惧症（社交恐怖症）」という言葉もあります。
shèjiāo

　日本語における社交恐怖症というのは、社交不安障害のことで、一種の精神障害を指す言葉です。中国語でも本来そうだったのですが、近年はかなりカジュアルに「社恐」という言い方で使われるようになっています。たとえば、それなりの社交スキルが要求される場において緊張してしまうことが多いという場合でも「社恐」という言葉が使われたりするのですが、それは誰であれ緊張してしまう場であるため、障害ではなくむしろ普通の反応だと言えます。

　その背景には2000年代以降、それも特に2010年以降の中国では、多様な文化が受容されるようになったり、SNSなどを通してかつて出会うことのなかった人々と出会ったりと、社会的な多様性が増加したという現実があるでしょう。その結果、特定の界隈における社交経験や知識などが必ずしも別の界隈や場面で通用するわけではないということもまた増え、結果的に苦手意識を抱く人が増えたのではないかということが考えられます。つまり、社交は従来よりもずっと複雑になり、多くの知識と経験を要求するようになったということです。

したがって、「選択恐怖症」もそうですが、「社交恐怖症」は個人の精神的な障害というよりも、社会や環境の変化によって新たに構成された障害だというべきでしょう。

「文芸」というメランコリー

　中国語に「文芸（文芸的）」という形容詞がありま
す。たとえば、「她很文芸（彼女はとても文芸的であ
る）。」「这家店很文芸（この店はとても文芸的である）。」
といった形で一般的に使われています。これは、具体的
にどのようなことを形容しているのでしょうか。

　「文芸的」と形容されるためには、当然文学や芸術に
関連する趣味を持っていないといけないと思われるでしょ
う。しかし、中国語ではそれは単に文芸が好きだとい
うことのみを意味しているわけではなく、極端な場合、
いっさい文学や芸術と関係なくても「文芸的」だと言わ
れることがありえます。なぜなら、それは具体的な趣味
というよりも、生き方や生活のスタイル（のイメージ）
を形容しているからです。

　「彼女はとても文芸的である」という文から具体的に
どういった特徴がイメージされるかについて思いつくま
まに並べてみましょう。

　　　詩や小説が好きである。／音楽が好きである。／
　　リュックサックでの一人旅が好きである。／一眼レ
　　フカメラなどで写真を撮るのが好きである。／撮っ
　　た写真に詩的な言葉を添えて SNS で共有する。／

日記をつけている。／役に立たないが、可愛い文房具ないし雑貨が好きである。／文学者の名言をよく引用する。／映画、特に静かで、愛に関する映画が好きである。／オペラが好きである。／演劇が好きである。／図書館によく行く。／おしゃれなカフェ巡りをする。／口数が少なく、静かであるが、自分の考えや感性を大事にする。／ブログなどで日々の心情を綴っている。／美術館巡りをする。／日常の些細な物事から美しさを発見できる。／ロマンチックなものに惹かれる。／憂鬱である。／神経質である。／常に生きづらさを感じている。／妄想したりするのが好きである。

　なぜ「文芸」という言葉にこれほど多様なイメージが付与されたのでしょうか。

　そもそもこの言葉は、80年代に「文芸青年（文芸青年）」という形で広まっていったと言われています。当時はちょうど文化大革命が終わり、若者たちが西洋の文学や芸術を貪欲なまでに摂取していた、啓蒙と理想とロマンティシズムの時代でした。西欧の古典文学から前衛文学、さらにはポストモダン思想まで受容され、大いにもてはやされました。文学を読み、絵を描き、哲学について語る青年がまさに理想的な人間だと思われていたのです。結婚相手を探すなら文芸青年だという結婚観も浸透していたようです。言ってみれば、文芸は精神的な豊

かさ、多様性、深さを象徴するステータスであり、文化的な資本だったのです。そのため、実際は文学や芸術がさっぱりわからなくても、わかっているふりをすることで得をするということも可能でした。

しかしながら、90年代以降の中国ではそのような啓蒙的で、理想とロマンティシズムを最大限に評価する価値観や世界観が唾棄すべきものとなっていきます。そこではむしろ競争を通した経済的な成功といった弱肉強食の言説が力を持つようになっていきました。それ以降、「文芸的」はむしろ反対の意味を持つようになりました。すなわち、実益の伴わない、無駄な趣味、現実を直視できない人たちが逃げ込むための幻想郷、気取った文化エリートの自己欺瞞といったイメージと結びつくようになったのです。かつての文芸青年たちの多くも文芸という趣味を捨てたり、持っているようなふりをやめたりしました。そして、彼らもまた功利主義的で、弱肉強食の世界観に呑み込まれていきました。

そのような過酷な世界観の中で子ども時代と思春期を過ごしてきた「80後」たちの中には、再び文芸に目覚める人が増えていきます。考えられる理由の一つには、90年代の、あまりにも精神的な価値を貶め、抑圧する功利主義的な価値観に嫌気がさした彼らにインターネットという新しい表現の場が与えられたことがあります。そこで彼らは小説や詩を書き、音楽を作り、絵や写真をシェアしたりしました。ただ、それは80年代の啓蒙、

理想、ロマンティシズムとは似ても似つかぬものでした。そこで描かれているのはむしろ家庭、社会、教育制度の自分たちに対する抑圧への呪詛であり、その環境における自分たちの精神的な迷いやメランコリーでした。

　彼らのヒーローの一人に、日本を代表する小説家・村上春樹がいました。彼らは、村上の小説に描かれた世界からの疎外感と孤独感に強く共鳴していました。もはや啓蒙や理想といった巨大でロマンティシズムに満ちた世界認識に価値を見出せず、かといって功利主義的な現実主義にも適合できませんでしたが、そのかわりに、ちょうど村上春樹の小説の主人公が往々にしてそうであるように、非常に繊細な形で日常生活における小さな物事から生じる様々な感情や美的なものの中に、救いを求めるようになっていったのです。たとえば、台湾を経由して中国大陸でも流行語となった「小確幸（小さいけど、確かな幸せ）」という言葉がありますが、これはまさに村上春樹のエッセイから取られたものです。

　先ほど列挙した「文芸的」とされる特徴は、いずれも功利的に物事を考えるように迫る世界からほんの少しだけ逸脱する行為だと見なすことができます。そこでは抑圧的な世界における小さな自由が実現されています。では、なぜそのようなことが可能になるのでしょうか。

　功利主義的に物事を考えるということは、目の前にあるいっさいのものが何の役に立つのか、その手段としての価値はどれほどかと考えることですが、それは同時に

目の前にあるものがそれ自体として価値を持ちえず、常に何かの手段や道具としてのみ価値を持つということを含意します。つまり、そこでは物事の価値が不確かなものになり、外的な基準に依存してしまいます。それに対して、「小確幸」は小さくてもそれ自体が目的として肯定できるもの、それ自体が確実に満足をもたらしてくれるものを提供してくれます。小説を読むと引き込まれる、写真を撮るといい作品ができるといったことを功利主義的に考えれば、「それって何の役に立つのか」となってしまうのですが、「文芸的」な「小確幸」の態度ではそれ自体が目的として肯定されるのです。

　ただ、今でも単に「文芸的なフリ」をする人も大勢います。おしゃれな本屋に行って、本を手に取っている写真だけを撮ると足早に出ていくような人たちですね。そういう人たちは功利主義と世俗な欲望にどうしようもなく囚われていながらも、そこから自分は自由になっているという幻想を抱いていると考えることができます。その心の状態はメランコリックなものというより、むしろ分裂的なものなのではないかと思います。

第 二 章

社会の闇

dà fēng dà làng
1. 大风大浪
（比喩的に）激しいあらし

例　文

Rénshēng jiù xiàng háng hǎi, xūyào zài dà fēng dà làng zhōng qiánxíng.
1. 人生就像航海，需要在大风大浪中前行。

人生は航海のようなものであり、大風や荒波の中
を進まなければならない。

Zài zhège chōngmǎn bùquèdìngxìng de shídài, wǒmen bìxū yào xuéhuì yìngduì
2. 在这个充满不确定性的时代，我们必须要学会应对
gèzhǒng dà fēng dà làng
各种大风大浪。

この不確実性に満ちた時代において、私たちは
様々な困難に対処することを学ばなければならな
い。

Zhǐyǒu jīnglìle yì fān "dà fēng dà làng" zhīhòu, rén cáinéng xuéhuì jiānqiáng.
3. 只有经历了一番"大风大浪"之后，人才能学会坚强。

「激しいあらし」を経験して初めて、人は強くな
ることができる。

「大风大浪」は字義通りには「大風と大波」ですが、
比喩的に「社会の大変動」を形容する言葉です。

例文1のように、航海のイメージに重ねて、社会の大
変動のなかで、どのように転覆せずに生き抜くことがで

きるかという形で使われたりします。そのような「大風大浪」を経験した者は普通それなりに年配ですから、ある種の成長、もしくは成熟に連なるイメージもあります。

　中国の近代史においては、国家レベルで多くの大変動、すなわち「大風大浪」があったのですが、現在でも人々の記憶に残っているのはやはり「文化大革命」でしょう。ご存知の方も多いかと思いますが、毛沢東が自分の手を離れつつあった権力を取り戻すために、全国の若者を動員して反乱を起こさせた権力闘争です。1966年から76年まで、動乱が10年続きました。多くの人が「右派」とか「反革命」とかの罪名で迫害を受け、全国が混乱に陥りました。それを生き抜くことができずに命を落とした者も多くいました。

　改革開放とそれに伴う社会的・政治的な変動など、文化大革命後もさまざまの社会的・政治的な「大風大浪」がありました。それについては多くの庶民に不安定でリスクに満ちた生活感覚をもたらしましたが、一方で改革開放は、かつてないほどのチャンスももたらしました。

　90年代になると、チャンスをつかみ、実現させる勇気と努力さえあれば成功できるという観念が広まります。その観念の一般化によってもたらされたのは、優越性の追求でした。お金を儲けることで生活が改善されるだけでなく、権力も手に入り、社会階層が上昇する──「人上人」すなわち人間の上の人間、より高位の人間になれる社会に中国は急速に変わっていったのです。

それによって、従来のコミュニティや社会的なつながりが急速に解体されていき、競争や投機などによる他者に対する優越の追求が一般的になっていきました。もちろん、最初の頃は規範や倫理などが弱体化したり、ないに等しい状態になったこともありました。同僚でもある隣人の家が、自分の家よりも立派で背が高い、ベランダがより大きいとかの理由で、深刻なトラブルになることもあったと聞きます。

　それまでの安定した仕事を捨てて、資本主義市場のビジネスの世界に身を投じることを「下海」と言いますが、それを選択した人たちは改革開放の大波に乗じて大きなリスクを背負ってチャンスをつかもうとした人々です。一度つかんだ成功を、社会的・政治的な政策の変更ですべて失った者もいます。改革開放後の90年代とは、そんな世界だったのです。

　例文 2は、そのような不確実性に満ちた世界を生き延びるためには「大风大浪」に対応する手段を学ばなければならないということが言われています。大风大浪に乗り出した人々の中には、新大陸に辿りついた者もいれば、波に呑まれて溺れた者もいるのです。

　80後の親世代はそのような時代を青年期に経験しています。2020年代に50代、60代の世代です。飲みの席などに行くと、そのような世界を生き残り、現在も成功者の地位に収まっているその世代の人々は、自分がいかに「大风大浪」を経験してきたか、お前らはいかに恵

まれているかを延々と語りたがります。**例文３**の内容は、まさに彼らが伝えたい価値観です。「大风大浪」を経験した者は強く、それに対して今の若者は苦労を知らない、ダメな世代なのだとまで断言する人もいます。実際、彼らの語るエピソードは確かにえげつないものが多いです。日本の飲み屋で絡んでくる年配サラリーマンの苦労話が可愛く思えるぐらい過酷なものだったりします。

　それに対して、私も含めた「80後」世代は基本的にそのような「大风大浪」を経験したことがありません。彼らのほとんどは上の世代が築き上げた競争のシステムの中で従順に生活してきました。だからこそ、若い世代はしばしば経験がないという理由で「お前は現実の厳しさをしらないから、俺／私の言うことを聞いていればいい」といった形で上の世代の強い支配を受けることがあります。

　しかしながら、その競争システムの中に心休まる場所などなく、安定と確実性のある生活を望むならさらに過剰に競争に身を投じなければなりません。そこから一度逸脱すると、待っているのは絶望です。それは「大风大浪」の経験者が思うような恵まれた環境とは程遠い、別種の苦しみを生み出す場所なのです。

fēngxiǎn
2. 风险
リスク、危険

> **例　文**

Jiàshǐ qìchē shí zhùyì ānquán, jiǎnshǎo jiāotōng shìgù de fēngxiǎn.
1. 驾驶汽车时注意安全，减少交通事故的风险。

運転する際には安全に注意し、交通事故のリスク
を減らそう。

Zuò zhè gè juédìng cúnzài hěn dà de fēngxiǎn, wǒmen xūyào sānsī érhòuxíng.
2. 做这个决定存在很大的风险，我们需要三思而后行。

この決断は大きなリスクを伴うので、慎重に考え
て行動する必要がある。

Jiāoyǒu hé zé'ǒu dōu yǒu fēngxiǎn, xuǎnzé xū jǐnshèn.
3. 交友和择偶都有风险，选择需谨慎。

友人とパートナー選びにはリスクがあるので、選
ぶときは慎重に。

Zhè xiàng jìshù de kāifā cúnzài hěn dà de fēngxiǎn, dànshì chénggōng dàilái de
huíbào yě hěn gāo.
4. 这项技术的开发存在很大的风险，但是成功带来的
回报也很高。

この技術の開発には大きなリスクが存在するが、
成功すれば非常に高いリターンが得られる。

90 年代以降の状況によってもたらされたものの一つに、リスク思考の一般化があります。中国語ではリスクは「风险」と呼ばれ、日本語や英語と同じく「危険」と区別されています。

まず、次の二つの文を通して、「危険」と「风险」、すなわち危険とリスクの一般的な違いを確認しましょう。

Xióng shì yī zhóng hén wēixiǎn de dóngwù.
1. 熊是一种很危险的动物。

熊は危険な動物である。

Dēng nà zuò shān yǒu yù dào xióng de fēngxiǎn.
2. 登那座山有遇到熊的风险。

その山を登ることは熊に遭遇するリスクがある。

1は対象の属性に対する形容であるのに対して、2は選択や行動に伴う、潜在的に起こりうる好ましくない結果になります。それが起こるかどうか不確実であるがゆえに、確率的に計算し、回避の手段を考えることができます。もちろん、自分の責任においてですが。つまり、両者の強調するポイントが異なっているのです。

では、中国における「风险」という言葉、そしてそれが一般化した結果として定着した「风险思考（リスク思考）」にどのような特徴があるのでしょうか。

90 年代以降の中国における「风险思考」はあらゆる対象と領域に浸透しているという点に特徴があります。投資や起業にリスクがあるのは一般的に承知されている

ことで、中国語でもベンチャー企業は「风险企业（fēngxiǎn qǐyè）」と呼ばれたりします。しかし、友人付き合いはどうでしょうか。

日本では「友人は選ばなければならない」と言うとき、リスクよりも「合う」「合わない」と言う場合が多いのではないでしょうか。それに対して、中国では「朋友（péngyou）（友人、知り合い）」の範囲はさらに広く、機能的なものになっています。**例文３**はまさにそのことを述べています。

もちろん、気心の知れた友人、家族以上に大事な友人（「兄弟（xiōngdi）（男性同士の親友）」や「闺蜜（guīmì）（女性同士の親友）」など）といった観念は存在しますが、それらとは別に、いざというときに助けてもらえる友人、便宜を図ってもらえる友人、あるいはもっとストレートに使える友人といった考え方が存在します。そのような友人のこと（本当は友人に限らないのですが）を一般的には「关系」と呼びます。直訳すると「関係」ですが、要は「コネ」という意味です。

中国は昔からコネ社会と呼ばれてきました。簡単に言えば、個人や集団の利益関心からある程度独立した規範やルールではなく、人と人の関係性やつながりに応じて利益や便宜が分配される社会ということですね。日本でも「ウチ」と「ソト」といった観念がありますが、主に所属集団を基準にしています。それに対して、中国では所属集団を超えたところにも「关系」を作ることができ

ます。

　逆に言えば、所属集団を超えて「関係」を作るインセンティブが中国社会で絶えず作り出されている、ということでもあります。前述の通り、特に90年代以降、中国は大きく改革開放へと舵を切り、流動性と不確実性がかつてないほどに増大しました。それまでの、衣食住がすべて政府から保証され、分配される社会から、自分で勝ち取る社会になっていっただけでなく、「勝つ」ための基準も流動的なものになり、何をすれば利益を獲得できるかということを自分で新しく見つけ出さなければならなくなりました。そこにはチャンスがあると同時に、大きなリスクも孕んでいたのです。何をするにも前例はなく、何とかうまくいってもそれが続く保証はありません。人々の規範や倫理も、それにともなって相対的に流動的になっていきます。

　もちろん、それ以前のさまざまな出来事、たとえば文化大革命による動乱もまた社会に流動性と不確実性をもたらしていたのですが、それはどちらかというと「危険」であり、「风险」とは違う種類のものです。なぜなら、「风险」とは自らが主体的に行動しようとするところに自己責任として生じるものであり、多くの場合チャンスと裏表の関係にあるからです。**例文4**はまさにそのことを示す文となっています。さらに、文化大革命の「教訓」として中国人の心に深く刻まれたのは、公共性や倫理など頼りにならないということでした。それによ

って、改革開放後の中国人のなかでは、政府や公共的な
ルールよりも個人的な「関係」のほうが重要だとする観
念がさらに強化されることになったのです。

　そこでは、「友人」を選ぶという主体的な行為もまた
リスクという観念によって規定される、もしくは影響さ
れるようになるのです。その友人は自分を裏切ったりし
ないだろうか、自分にどれだけの利益や便宜を提供でき
るのか、その付き合いにどれほどのコストをかければい
いのだろうか、といったことも考慮されるようになりま
す。

　友人のみならず、そのようなリスクを考慮した、功利
主義的、確率計算的な思考傾向はあらゆる場面において
顔を覗かせます。住宅や仕事の選択は言うまでもなく、
結婚やパートナーの選択もまたリスク考慮の対象となり
ます。社会的な不確実性が増すにつれて、結婚はロマン
ティックラブの結果としてなされるものというより、経
済的な共同体としての性格をより強くしていくのです。
相手の家庭環境、学歴、仕事の内容、収入などすべてが
計算の対象になります。それらを考慮せずに単に好きな
相手と結婚するのは「危険」なことではないのですが、
非常に「风险」のあることだとされるのです。**例文３**は
まさにそのことを示す典型的な言い方となっています。
リスクに満ちた社会では、友情も愛も慎重に選ばなけれ
ばならないのです。

qīngkuáng
3. 軽狂
（言動が）軽薄、軽はずみである

例 文

Niánshào qīngkuáng, shì yīnwèi quēfá jīngyàn hé sīkǎo.
1. 年少轻狂，是因为缺乏经验和思考。
   年若く軽はずみであるのは、経験と考えが欠けて
   いるからである。

Tā de yánxíng jǔzhǐ zǒng shì xiǎn de qīngkuáng ér bù wěnzhòng.
2. 他的言行举止总是显得轻狂而不稳重。
   彼の言動は常に軽率で落ち着きがないように見え
   る。

Tā de qīngkuáng jǔdòng gěi zìjǐ zhāo lái le máfan.
3. 他的轻狂举动给自己招来了麻烦。
   彼の軽率な行動は彼自身にトラブルを招いた。

辞書をひくと、「軽狂」は「軽率」「軽薄」「軽はずみ」
の意となっています。ただ、注意が必要なのは、日本語
の「軽率」は特定の行動の特徴を形容することが一般的
である（例「さきほどの言動は軽率だった」）のに対し
て、フレーズのように「軽狂」はその人の全体的な態度
も形容できる言葉だということです。軽率な言動をする
うえ、ほかの者など眼中にないという態度を常に取って

いるといったイメージでしょうか。

　実際、それはしばしば「年少（年若い）」と一緒に「年少軽狂」という形で使われます。

　「年少軽狂」とは、後先を考えず軽率で、何も恐れずに衝動的に行動してしまう若者を形容する決まり文句です。そもそも中年以降の人に対して「軽狂」を使うことがほとんどありませんので、若者専属の言葉とさえいってもいいかもしれません。

　中国では90年代にリスク思考が一般化したこと、そして80後世代とその上の世代間の対立が非常に激しいことについて繰り返し述べてきました。その対立においては、上の世代にとって、80後以降の世代の態度は大変「軽狂」であるように見えます。**例文1**を見てみましょう。若者が「軽狂」な態度を取ってしまうのは、経験と考えが足りないからだと言われています。これは、中国という文脈では単なる一般論ではなく、文化大革命と改革開放といった「大風大浪（社会の大変動）」を経験していない世代による、それがもたらす「风险（リスク）」も考えていない言動という意味で言われることが多いです。

　その「軽狂」な若者の象徴人物として**韓寒**が挙げられます。

　82年生まれの彼は、2000年に18歳にして最初の長編小説『三重門』（邦題は『上海ビート』）を出版しました。本書は多くの若者の共感を得て、単なるベストセラ

ーにとどまらない社会現象を引き起こし、韓寒は80後世代を象徴するアイドル的な存在になっていきました。

　彼はその小説の中でも、普段の発言でも、中国の教育制度を痛烈に批判しています。彼は大学に行かなかっただけでなく、高校も1年生で中退しています。彼からすれば、自分のような才能ある人間を不合格にする学校や教育制度に何の価値もなかったのです。**例文2**における「言行挙止」とは「言動」の意味ですが、韓寒のそのような言動は「不穏重」、すなわち「行き過ぎている」「落ち着きがない」と述べられています。中国語において「軽狂」は「穏重」の対義語です。後者の性質を持つ者こそ、リスクに満ちた社会をより確実に生き延びられると考えられていたのです。

　しかし、彼は非常に才能豊かな人間でした。ベストセラー作家として着実に成長していったのみならず、カーレーサーとしても、歌手としても、さらに映画監督や雑誌編集者としても大活躍しました。彼のブログは中国のインターネットでもっとも読まれたブログの一つでもありました。社会問題の核心をつき、過激に展開するその言論スタイルによって、一部では魯迅の再来とまで言われていたのです。

　そんな彼は文学業界からの厳しい批判にもさらされました。しかし、彼はその特色でもある「軽狂」なスタイルでブログで反撃し、「従来の文学という制度に価値などない、格好つけるんじゃない」などと文学業界の大御

所に楯突いたのです。さらに、「もし自分が作家協会の会長になることがあったら、最初にやることは作家協会の解散だ」といった趣旨の発言もして、若者の支持を得ていきました。彼の実践によって、「軽狂」は単なる「軽薄さ」ではなく、むしろ悪しき旧習を打破するための「反抗」の姿勢と勇気を示していると受け取られたのです。

　ただ、**例文３**のように、中国社会がより安定志向になっていくにつれ、その「軽狂」は彼にさまざまな「麻煩（トラブル）」ももたらしました。現在の彼はほとんど言論や創作活動をしていません。彼が活躍した短い時期は、ある意味現代中国がもっとも自由だった時期ともいえるかもしれません。

4. 肤浅
fúqiǎn

浅い、皮相である

例 文

Tā tài fúqiǎn le, zhǐ kàn dào le wèntí de biǎomiàn.
1. 他太肤浅了，只看到了问题的表面。

彼は浅はかすぎて、問題の表面しか見えていない。

Tā zǒngshì bèi biǎomiàn de dōngxi xīyǐn, tài fúqiǎnle.
2. 她总是被表面的东西吸引，太肤浅了。

彼女はいつも表層的なものにひかれてしまうの
で、浅はかすぎる。

"Luó xiǎo hēi zhàn jì" zhè bú diànyǐng yìdiǎn yě bú fúqiǎn, duì gòngcún zhè yì
3. 《罗小黑战记》这部电影一点也不肤浅，对共存这一
wèntí yǒuzhe hěn shēnrù de sīkǎo.
问题有着很深入的思考。

『羅小黒戦記』という映画には全く浅薄なところ
がなく、共存という問題に対して深く考えている。

「肤浅」は一般的には、学識や教養が浅く、不十分で
あること、皮相な理解しか持っていないこと、あるいは
そのような理解に基づいて行動していることを意味する
言葉です。

例文1は、その人は問題を皮相にしか理解できないよ
うな人だという人格否定的な判断になります。ここで

は、表面と深層という対立が前提とされており、深層に至ることができるのが良いとされています。問題の表層しか見えていないことが望ましくないのは、それによって問題を単純化してしまい、より複雑な内実を見えなくしてしまうからです。

例文2も同様に、「いつも表面的なものに惹かれる」という理由で人間として「膚浅」だというニュアンスが含まれています。この言い方における「表面的なもの」とは、きれい、刺激が強い、わかりやすい、値段が高い、みんなが良いと言っているといった特徴を持つものだと思われます。

2000年代のことですが、久しぶりに中国の東北地方にある実家に帰省すると、同年代の従兄弟たちが「日本にこういう良いブランドがあるけど知っているかい」といったことを聞いてきました。聞いたこともないと答えると驚かれて、お前の生活はそんなに貧しいのかと聞かれたりします。単に興味がないのだと答えると、異星人でも見るような目を向けられました。彼らにとって、ブランドイコール豊かさでした。それらのブランドの何が良いのか、自分の生活に具体的にどのような価値を提供するのかはいっさい考慮されていないがゆえに、単純で空疎な記号なのです。

しかし、それは彼らが「膚浅」な人間だからそう考えるのだ、という考えこそ「膚浅」な見方です。これは中国社会に深く根を下ろしている問題です。中国社会全体

において、そもそも何が良いものなのか、何が人生にとって価値があるのかということ自体が問われることなく宙づりにされてきました。ただ単にリスクや不確実性に満ちた世界を生き延びて「成功した人生」を手に入れることのみに価値が付与されていたのです。すなわち、「成功した人生」という空疎な記号に向かうように強制する社会自体が「肤浅」なものだったといったほうが適切です。

　さらに、**例文3**のように、ドラマ、映画、音楽、動画などの作品が「肤浅」かどうかと判断されることもあります。ステレオタイプに満ちていて、思想がわかりやすく、刺激の強い、大衆受けのするものなどが「肤浅」と言われます。近年だと専門的な訓練を受けていないインフルエンサーの映像作品やTikTokなどにおけるショート動画に使われることが多いでしょう。ただ、わかりやすさと皮相さは必ずしもセットになっているわけではないし、深さもわかりやすく示すことはできます。それらの作品が「皮相」だと言われるのは、たとえば「共存とはこういうものである」「生活とはこういうものである」のように、複雑なものを単純化して断言してしまっているからだという場合が多いのです。

　例文3では作品が皮相的ではない理由として、より深く掘り下げた思考と議論があることが挙げられています。そこで前提されている「深さ」とは複雑で、単純に「これはこういうことである」とはいえず、うまく言語

化できないけれど、暗示することのできる、すごく胸を揺さぶるものだと思われます。例文に出てきた、現在の中国アニメーションの最高到達点を示す『羅小黒戦記 ぼくが選ぶ未来』という作品は、ジャパニメーションから受け継いだ大衆受けしやすい表現手法を使いながらも、「善と悪」「他者との共存」といった問題に単純な答えを与えず、より深く、複雑な問題として示そうとしています。

　社会が皮相なものに覆われると、その問題をより深く掘り下げて考えようとする作品もまた現れるものなのです。

si wú jì dàn
5. 肆无忌惮
ほしいままにふるまって何らはばからない

例 文

Tāmen sì wú jì dàn de xíngwéi pòhuài le gōngyuán lǐ de huācǎo.
1. 他们肆无忌惮的行为破坏了公园里的花草。

彼らの身勝手な行動は公園の花や草を破壊した。

Tā sì wú jì dàn de zài dìtiě lǐ wài fàng yīnyuè.
2. 他肆无忌惮地在地铁里外放音乐。

彼は周りにまったく配慮せずに地下鉄の中で音楽
をスピーカーで鳴らしている。

Zhège gōngsī sì wú jì dàn de zhuīqiú lìrùn, wúshìle tāmen suǒ dàilái
de huánjìng wèntí.
3. 这个公司肆无忌惮地追求利润，无视了他们所带来
的环境问题。

この会社はほしいままに利益を追求して、彼らが
もたらした環境問題を無視している。

Tāmen sì wú jì dàn de zhuīqiú zìjǐ de xìngfú.
4. 她们肆无忌惮地追求自己的幸福。

彼女たちは周りをはばからずに自由に自分の幸福
を追求している。

「肆无忌惮」は非常に古い言葉です。出処は『礼記』
の「中庸」篇だと言われています。

「肆」とは「放肆」のことで、「気ままだ」「無礼な」といった意味です。「忌憚」とは「はばかる」「おそれる」の意味になります。「無礼にしてはばかることを知らない」というイメージになるでしょうか。

よく使われるのが、礼儀や公共的なマナーを形容する場面です。

例文1では公園の草や花などの植生をはばかることなく破壊する様子が描写されています。たとえば、こういう場面を想像してみましょう。植生保護のために芝生への立入が禁止されているにもかかわらず、そこに立ち入り、キャンプやらバーベキューやらをやって芝生をめちゃくちゃに破壊してしまいました。この場合、目的は植生の破壊ではなく、あくまで周囲をはばかることなく利己的な目的（楽しみ）を追求した結果、他者や公共の場に迷惑をかけてしまうということが問題となっています。

例文2も同じです。地下鉄や電車でスピーカーで音楽を流すことが迷惑行為なのは、中国でも日本でも同じです。ただ、地下鉄で電話で話すことに関しては中国の乗客は日本より遥かに寛容で、あまりに大声だとうるさいと思われますが、迷惑行為のうちに数えない人が多いように思います。

2000年代以降、世界中で中国人観光客が増えて、彼らのマナーが日本でも問題になりました。近年の経済の発展と社会の進歩によって、中国の若い世代は、はるかにマナーが良くなったと言われるようになりましたが、

「中国人はマナーに関してまだまだだ」と言う日本人も多いです。しかし、列に割り込んではいけない、暴力を振るってはいけないといったどの社会にとっても必要なマナーを除いて、何がマナーとして求められるかということに関しては一定の多様性があります。直線的な進化というイメージで捉えるべきものではありませんし、マナーに厳しい日本を基準にする必要もありません。実際、アメリカなどの先進国に行っても、地下鉄で音楽をスピーカーで流す若者を見かけることはあります。

　個人のマナーとは別に、この言葉はより大きな「公共性」の問題ともかかわってきます。

　例文3では会社が利益追求という利己的な目的のために、自らがもたらす環境汚染を無視していることが言われています。環境という誰にとっても公共な場の汚染をはばかることなく利益を追求する態度を「肆无忌惮」だと形容しています。

　2023年8月24日に、日本政府が福島第一原発事故の汚染水を処理した上で海に排出したことは、中国や韓国から強く非難されています。このときにも「肆无忌惮」だと言われました。その安全性がきちんと証明されておらず、国際社会のコンセンサスが取れていないにもかかわらず、強引に海への排出を実行に移したのはきわめて無責任な行為だと言われました。もちろん、公害の問題なら中国も深刻な被害をもたらしているのですが。

　一方で、以上のような否定的な意味を反転させて、あ

えて言葉を肯定的な意味に使う場合もあります。

例文4は「彼女たちは周りをはばからずに自由に自分の幸福を追求している」と述べられています。この場合、「肆無忌憚」とは抑圧やプレッシャーに負けずに自由に行動するという肯定的な意味になります。たとえば2022年に、日本を代表するフェミニストである上野千鶴子が中国で大ブームとなりました。彼女は家父長制社会における女性に対する抑圧の構造を非常にわかりやすく、心に訴えかけるような言葉で語って女性読者の心をつかみ、絶大な支持を受けたのです。

マナー、礼儀、規範、公共性は時には抑圧する力ともなります。女性は結婚して子どもを産むべき、仕事より家庭を大事にするべき、姑との関係を良好に維持すべきといった規範は女性の独立と社会進出を阻んできました。そして、同じく少子化の問題に直面している中国社会は子どもを産むことを公共的な事業の一つに位置付ける方向に向かいつつあります。

2018年からはじまった「#MeToo」運動をはじめとするフェミニスト運動と思想は影響力を拡大していきました。上野千鶴子ブームもその延長線上にあります。それにともなって、フェミニズムに対する社会的な批判も強まっていきました。男性から見れば、フェミニストたちの行動は家庭の規範と社会の公益性を無視した「肆無忌憚」な行為のように見えるでしょう。

しかしながら、その規範と公益性自体受け入れがた

い、抑圧的なものであると考えるフェミニストからすれば、「肆無忌憚」とは「自由」という言葉の、より反抗的で挑戦的な言い換えにほかなりません。

shēqiú
6. 奢求
過度の望み

例文

Bù kǎo shàng yí ge hǎo dàxué, zhǎodào yífèn hǎo gōngzuò dehuà, hǎo shēnghuó
1. 不考上一个好大学、找到一份好工作的话，好生活
jiùshì yì zhǒng shēqiú.
就是一种奢求。

一流の大学に合格し、良い仕事を見つけることができなければ、良い生活は身分不相応な要求になる。

Shīyèlǜ rúcǐ gāo de qíngkuàng xià, zhǎo yí fèn "bù zěnme yàng" de gōng
2. 失业率如此高的情况下，找一份"不怎么样"的工
zuò yě biànchéngle shēqiú.
作也变成了奢求。

失業率がこんなに高い状況では、「あまり良くない」仕事を見つけることさえ過度な望みになってしまった。

Chúncuì de àiqíng shì yì zhǒng shēqiú.
3. 纯粹的爱情是一种奢求。

純粋な愛は過ぎた望みだ。

Chàngkuài hūxī bù yīnggāi chéngwéi lǎobǎixìng de shēqiú.
4. 畅快呼吸不应该成为老百姓的奢求。

気持ちよく呼吸することが人々にとっての贅沢になってはいけない。

「奢求」とは「過分な要求」「手の届かない要求」という意味です（動詞的な使い方もあります）。似た言葉に「奢望（過分な望み）」や「奢念（過分な望み）」などがあります。日本語にも「奢侈」という言葉があるように、「奢」とは「贅沢である」の意味です。

中国社会という文脈において重要なのは、何が「過分」で「手が届かない」とされているのか、そしてなぜそうなのかという問題です。

例文1は中国社会が一般の中国人に押し付けている生活観を象徴しています。きちんと勉強して、良い大学に入って、良い仕事を見つけること、これこそ理想的な生活像です。さらに、大都市の良い場所で家を購入し、自分と釣り合う相手と結婚し、子どもを（数人）儲けることができれば完璧です。

しかしながら、逆に言えば、良い大学に入れなかった時点で、そのような生活を実現させる道がすべて絶たれるということでもあります。良い生活は過分な望み、さらに言えば身分不相応な要求になってしまうわけです。社会的な階層の上昇のための条件が非常にシビアになっているということでもあります。

とはいえ、良い仕事を見つけたところで生涯安心というわけではなく、企業間の競争も激しく、その結果過剰な職場内競争や残業要求が蔓延ることになりました。そのような状況に疲弊してしまい、鬱状態になってしまう若者も多く見られます。要は良い仕事でもその労働環境

はきわめてブラックで闇を抱えているのです。

　一方で、2020年の新型コロナウイルスの流行以降、中国の過剰なロックダウン政策などによって中国経済が大きなダメージを負うことになります。その結果、大学卒業後の失業率が絶望的なまでに高くなり、社会的なパニックを引き起こさないために、中国政府は最終的にもう失業率データの公表はしないという決定に踏み切りました。そのような状況の中で、それほど良くない企業、さらにブラックな企業に就職することさえ「奢求」になってしまったのです。

　「身分不相応」という訳が実に相応しいのは、社会階層の断裂と格差の固定化は実質一種の身分制として機能してしまっているからです。さきほど、自分と釣り合う相手との結婚が完璧な生活の条件の一つだと述べましたが、「釣り合う」とはまさに社会階層、すなわち「身分」が釣り合うことにほかなりません。

　例文3では純粋な愛（とその延長線上に結婚すること）は「奢求」だと述べられています。というのも、近代化を経て、社会主義国家になっても、結婚とは愛の結果というよりも、愛もパラメーターの一つとして含んだ、生き延びるための社会的・経済的なユニットだとする昔からの考えが中国社会に根強く残りました。経済状況が悪化すると、そのような考え方は再び強化されるようになりますが、同時に経済状況の良くない人にとって、結婚自体が「奢求」になっていきます。

例文4は中国の新聞『人民日報』にも載った用法です。周知のように、中国の環境汚染問題が深刻な問題となっており、全国のどこでも空気の質が悪い状態になっています。黄砂やPM2.5など、日本にも被害が及んでいますね。

　筆者は子どもの頃に中国東北の寒い地方に住んでいたのですが、中国の北方は基本的に石炭でお湯を沸かして、それを周辺の住宅に循環させる「暖気」というセントラルヒーティングシステムが採用されています。私の家の窓の外がまさにその石炭を燃やす炉の煙突だったのです。私の家族はほとんど何らかの呼吸器系疾患や不調を抱えています。暖かさと引き換えに新鮮な空気と健康が奪われたのです。

　高度経済成長期の日本でも公害が大きな問題となっていました。経済成長のみを目指して邁進する国においては、代償のない、快適な生活は「奢求」なのかもしれません。

jiāoqì
7. 娇气
ひ弱である、苦労ができない、壊れやすい

例文

1. Zhè ge bōlibēi hěn jiāoqì, qīngqīng pèng yí xià dōu huì suì diào.
这个玻璃杯很娇气，轻轻碰一下都会碎掉。
このガラスのコップはとても壊れやすく、軽くぶつけるだけでも割れてしまうことがある。

2. Zhège jīqì hěn jiāoqì, xūyào dìngqī wéihù.
这个机器很娇气，需要定期维护。
この機械は非常にデリケートで、定期的なメンテナンスが必要だ。

3. Xiànzài de niánqīng rén tèbié jiāoqì, yìdiǎn kǔ dōu chī bù liǎo.
现在的年轻人特别娇气，一点苦都吃不了。
いまどきの若者はとてもひ弱で、少しも苦労ができない。

4. Xiǎo háizi zhēnshi jiāoqì, shī ge liàn jiù yào zìshā.
小孩子真是娇气，失个恋就要自杀。
子どもたちは本当に傷つきやすく、失恋ぐらいですぐに自殺しようとする。

「娇气」は人間に対して使う場合、「ひ弱である」、「がまんや苦労ができない」「意志が弱い」など、相手を道

徳的に否定するときに使います。物に対して使うとき
は、「壊れやすい」「傷みやすい」という意味になります。

　例文の1、2はまさに物に対して使うときの例です。
いずれもその物が「娇气」であるがゆえに、取り扱う際
には注意を払うこと、もしくは定期的なメンテナンスが
必要になるということが述べられています。

　例文3は人に対して使うときの典型例です。我慢強
い、苦労ができるといった性質は日本でも道徳的に良い
ものとして考えられていますが、中国でも同様です。し
ばしば「能吃苦」や「吃得了苦」といった言い方で苦し
い状況にも耐えられるという性質を褒め称えます。それ
ができない場合の否定形は「不能吃苦」「吃不了苦」と
なります。その場合、身体的な状況によってそうなって
いる人も、心理的な状態によってそうなっている人も対
象になります。そういう人に対して「娇气」というラベ
ルを貼るわけです。

　そこにはある種の男性的な大雑把さに対する肯定が含
まれているがゆえに、物事に敏感な人や性格が繊細な人
は道徳的に否定の対象となります。特に女性や子どもが
この言葉の主な対象となってきたため、男性にとって最
大の侮辱の言葉の一つにも数えられています。

　現在では特に改革開放以降に生まれ、文化大革命の動
乱を知らず、改革開放初期の社会的な大変動を経験して
いない、80後以降の若い世代に使われることが圧倒的
に多いです。

政治的、社会的に、この言葉は興味深い変遷を辿ってきているように思います。1950年代や60年代の『人民日報』にこの言葉が出てくるとき、しばしば共産党の官僚に対して使われています。中国共産党がプロパガンダを通して定着させた一般的な観念には、「人民に寄り添う、それも農民に寄り添う官僚こそ良い官僚である」というものがあります。農民と一緒に過酷な農作業をしたり、貧しい環境で一緒に生活したりと、彼らと苦をともにすることができる者こそ正しい共産党員というわけです。それができない者に対して、腐敗や堕落の象徴の一つとして「娇气」とラベルを貼っていたのです。また、共産党員の対極にある「資本家」にもたいてい「娇气」というイメージがあったように感じます。そのような道徳観念は社会的にどんどん一般化していきました。

　しかし、上で述べたように、その後「娇气」は改革開放後に生まれた若い世代全体に対するラベルとして使われるようになりました。一人っ子政策の結果、家に子どもが一人しかいないとなれば、過去のように子どもを単なる家庭の労働力ではなく、宝物として扱うようになります。子どもが家族の愛情を一身に集めたのです。そのような新しい世代の甘やかされた、わがままな子どもを「小皇帝」と形容することもあります。彼らにとって「吃苦」は積極的に実践すべき道徳ではなくなったのです。それまでの社会主義中国の根本にあった道徳の一つを全否定する世代が誕生したともいえます。

一方で、**例文4**のように、彼らは失恋で自殺をはかるような繊細で傷つきやすい「青春」という概念をはじめて知った世代でもあります。80後にとってのスターに、「軽狂」の項で紹介した韓寒のほかに、第一章「陌生」にも登場した郭敬明という作家がいます。彼は日本のサブカルチャーの影響を強く受けながら、実に繊細な筆致で思春期の、恋愛も含めたさまざまな人間関係、世界との緊張感を描き出し、圧倒的な支持を受けたのです。その長編小説『悲しみは逆流して河になる』ははじめて学校におけるいじめを描いた作品でもあります。韓寒が反抗的で自由を強く志向するカウンターカルチャー的な青春を代表していたとすれば、郭敬明は悩み、傷つき、さまよう青春のイメージを象徴していたのです。

　「娇气」はひ弱で、苦労できないという否定的な評価を示すだけでなく、より繊細な形で自分や世界とかかわるようになるための条件でもあったといえます。

méi chūxi/bù zhēngqì
1. 没出息／不争气
意気地なし

例 文

Tā yìdiǎn yě bù nǔlì, guài bùdé tā bàmā tiāntiān mà tā bù zhēngqì.
1. 他一点也不努力，怪不得他爸妈天天骂他不争气。

彼は全く努力していないので、彼の両親が彼を毎日「意気地なし」と怒鳴るのも当然だ。

Měitiān zhǐ huì wú suǒ shì shì, bù sī jìnqǔ, zhēnshi méi chūxi.
2. 每天只会无所事事，不思进取，真是没出息。

毎日何もせずだらだらと、向上しようとせずに過ごすなんて、本当にだらしがない。

Zhège niánjìle hái yào kào fùmǔ yǎnghuó, zhēnshi méi chūxi.
3. 这个年纪了还要靠父母养活，真是没出息。

この年齢でまだ親に養ってもらっているなんて、本当に情けない。

Tā zhěng tiān zhǐ zhīdào wán shǒujī, zhēnshi méi chūxi.
4. 她整天只知道玩手机，真是没出息。

彼女は一日中スマートフォンをいじっているだけで、本当に見込みがないです。

「没出息」と「不争气」はいずれも日本語では「見込みがない」「意気地がない」「だらしがない」といった意

味になります。ある人が、自分の期待に応えてくれなかった、（基本的に自分より目下の）別の人に対して、がっかりして非難する場合に使われることも多い言葉です。「没」「不」といった否定詞によって非難するようなニュアンスが出ています。

「争気」は辞書的には「頑張る」という意味ですが、それは主に他人よりも優れた存在になろう、あるいは他人よりも優れた成果を残そうとする際に頑張ることを指しています。

例文1はまさに「頑張らない」ことを、「不争気」の理由としていますが、頑張っていても成果を残せなければ「争気」とはならないことに注意すべきです。日本のスポーツ選手はしばしば試合に負けた後のインタビューで「精いっぱい頑張ったので、悔いはない」という結果よりもプロセスを評価するコメントをするのに対して、中国のスポーツ選手はなぜ結果を出せなかったのかをひたすら分析したり、結果を残せなかったことを国民に謝ったりします。

また、2018年にアメリカが安全保障を理由として中国半導体メーカーへの輸出規制を行ったことで、中国国内で半導体の調達が困難になったという出来事がありました。にもかかわらず、ファーウェイという中国の通信機器メーカーが、2023年に独自の技術を用いてスマートフォンを完成させると、中国国内でそれを「为国争气（国のために頑張り、成果を出した）」として称賛する声

が上がったのです。

つまり、「争気」は成果主義的なニュアンスが強く感じられる言葉であり、「不争気」は相手が期待されていたような成果を出せなかったときに非難するときに使われます。

「出息」は、名詞として使われる場合は「前途」や「見込み」の意味で使われています。たとえば、「有出息」という言い方で「前途有望」や「見込みがある」という意味になります。動詞で使われる場合は「進歩する」「向上する」という意味になります。この言葉に否定詞がついた「没出息」は、見込みがない、進歩する可能性がないということです。

中国の若者たちにとって、「没出息」と「不争気」はもっとも恐るべき言葉であるにもかかわらず、彼らがもっとも頻繁に言われる言葉でもあります。その相手とは親や親戚などの上の世代です。一生懸命に受験戦争に勝ち抜いて、就職戦争にも勝ち抜き、円満な家庭を築いて、都会に何軒か不動産を持ち、親孝行をして、子孫繁栄というのが、上の世代が80後や90後の世代に押し付ける、もっとも理想的な「出息」と「争気」のイメージです。

子どものうちは、しばしば親戚たちの同年代の子どもが比較の対象となります。そして、その次の段階として同級生、同僚、さらには同年代の有名人が引き合いに出されることもあります。完璧な人間などなく、常に他者

からより優れた部分を見つけられるため、その比較のプロセスは際限がなく、永遠に我が子を否定していくことができます。さらに、単に個人的な成功度合いではなく、どれほど親孝行をしているかも比較の対象になります。

　しかし、現実において、親たちの期待を実現するには大きな困難が伴います。

　兄弟姉妹を多く持つ上の世代と違って、一人っ子政策でほとんど一人っ子である「80後」以降の世代にとって、一人で二人の親を養わなければならない上、そのコストはかつてないほど高まっているのです。同じ世代の一人っ子で結婚すれば、二人で四人の老人に親孝行をしなければならなくなります。

　さらに、「90後」の親世代には、90年代の改革開放政策の急速な推進により、全国規模でかつての安定した仕事からレイオフされ、その後きちんとした仕事が見つからず、保証も非常に限られていたため、経済的に困窮し、老後の生活を非常に不安に思う人が多くいます。彼らにとって、「親孝行」という伝統的で、儒教的な価値観は、90年代以降の社会変動を生き抜くための、都合のいいものだったからこそことさら強調し、下の世代に押し付けるようになったという側面もあります。

　また、若者間の競争の激しさは年々増していくため、その中で勝ち抜くためには普通の人間である限りほとんど不可能なほどの努力を要するし、努力したところで成

果が得られないような環境になってしまっているのです。これについては次の「内巻」の項で詳しく見ていきます。

　そのため、ほとんどの若者は「有出息」と「争気」の理想からすれば、基本的にどこか「没出息」と「不争気」の存在に必然的になってしまうのです。

　他方、若者たちも自分なりの夢、すなわち一般的に良いとされる経済的、社会的な成功とは少し異なった夢を持つこともあります。例えば、インフルエンサー、ネット小説作家、ゲームクリエイター、コメディアンといった職業は一般的な親のイメージする「真っ当な」仕事とは全く異なるものです。その場合、たとえその業界においてかなり認められていても、親戚や親の理解が得られなければ「没出息」と言われることがあります。

　中国における「出息」「争気」のイメージは非常に一元的に、具体的に決められています。というのも、そこにはある種の世代間の権力関係が介在して、親世代の老後生活を安定したものにするために、経済的な最大化と安定性が求められているからです。

2. 内卷
nèijuǎn

内部でますます激しくなる競争

例　文

Nèijuǎn xiànxiàng shǐdé rénmen de gōngzuò hé shēnghuó shīqù pínghéng.
1. 内卷现象使得人们的工作和生活失去平衡。

　内卷现象によって、人々の仕事と生活のバランス
　が失われている。

Guòdù jìngzhēng dǎozhìle zhíyuán bèi nèijuǎn, zhǐnéng zhēngxiānkǒnghòu de jiābān.
2. 过度竞争导致了职员被内卷，只能争先恐后地加班。

　過度な競争によって社員が内的な消耗に巻き込ま
　れて、遅れまいと先を争うように残業をするしか
　ない。

Xuéxiào de kǎoshì zhìdù shǐdé xuéshēngmen xiànrù nèijuǎn, wèile zhuīqiú gāo
3. 学校的考试制度使得学生们陷入内卷，为了追求高
fēn ér búduàn nǔlì.
　分而不断努力。

　学校の試験制度によって、生徒たちが過剰な内部
　競争の状況に陥り、高得点を追求するために絶え
　ず努力することになった。

　近年、中国で「内卷 involution」という言葉が流行
語となっています。もともと人類学の専門用語でした
が、中国社会全体が直面している問題を適切に表現して

いるとして、多くの人が使うようになったのです。そして、その言葉は社会全体を巻き込んだ大きな議論を引き起こして、人々の現実認識まで変えています。

「内巻」は多くの場合単純に「競争が激しすぎるし、どんどんエスカレートしていく」という意味で使われます。**例文1**は「内巻」という現象は仕事と生活のバランスを崩してしまっていると述べています。激しい競争はそのような否定的な結果をもたらすことは直感的にわかります。

しかし、この言葉はより複雑な状況を含意するものです。本来、競争とはより多くの資源、利益、機会などを獲得するために行われるものです。今の中国では、競争は人々の行動を促すだけでなく、人々の間の公平な競争を通して社会全体が発展し、健常化していくと考えられているため、積極的に競争が奨励される場合が多いです。

とはいえ、資源が限られている場合、競争の効果には限界が生じます。いくら頑張って競いあっても、有限な資源を奪いあっているだけなので、そこには発展がありません。それにもかかわらず、競争をやめてしまえば、その有限な資源も手に入らなくなってしまうため、やめるどころか、さらなる資源を投入して競争を勝ち抜こうとします。つまり、エスカレートしていく悪循環であり、そこでは誰も得しません。多くの人は、自分はそれに巻き込まれているだけだが、抜けるわけにはいかないと考えています。

例文2ではまさに「被内巻」という言い方で、その受動性を強調しています。では、なぜ「遅れまいと先を争う」ように残業するのでしょうか。

　具体的な場面を考えてみましょう。会社で働くあなたは疲労困憊して、効率がむしろ悪化している状態にあるとします。昇進のために、業績が上位になることが必要ですが、今のところ同僚たちと横並びで、これ以上の業績を出すのは誰にとっても難しい状況です。そのため、少しでも相手と差をつけようとして、企画のプレゼンテーションのフォントのサイズや色をかれこれ3時間も調整したりして、少しでも上司に良い印象を与えようと無理をして残業してしまいます。発展性や生産性がほとんどないにもかかわらず、競争という形式だけが残っているため、それに参加しなければ自分が蹴落とされてしまいます。これが職場における「内巻」の現実です。

　学校においても同じです。例文3では学校の試験制度は学生たちに「内巻」の状態に陥らせ、高い点数を得るための努力を強いられていると述べられています。もちろん、より高い点数を獲得することは目的として間違っていないのですが、それが過剰であり、かつそこから降りられない場合は病的なものとなります。

　私が実際に中国の大学教員から聞いた事例ですが、期末レポートは3000字以内と教員が指定しているにもかかわらず、多くの学生は先生に自らの真面目さをアピールして良い成績をもらうために6000字以上のレポート

を出してきます。多くの大学教員は、レポートとは少ない字数で効率的に議論を展開し、読む者を説得するための形式だと考えているので、「内容が良くて字数も少ない」という費用対効果の良いものを評価するのにもかかわらず、です。

　そんなのはおかしいと誰もが考えているのですが、そこから降りてしまうと単に深刻な不利益を被るだけなので、降りることは合理的ではありません。80後の人気作家、郝景芳はその自伝体小説『1984年に生まれて』の中で、80後世代が経験しているディストピアはジョージ・オーウェルが『一九八四年』で描いた「ビッグブラザーがお前を見ている」という全体主義的なディストピアではなく、「カレラハオマエヲミテイル」という、一般人の間で洗脳しあい、ゲームのルールを強制しあう新しいディストピアであることを描いています。その到達点の一つが「内巻」という現実だといえるでしょう。

3. 失去
shìqù

失う

例　文

Rénlèi shīqù le lǐzhì, yě shīqù le wèilái.
1. 人类失去了理智，也失去了未来。

人類は理性を失い、未来も失ってしまった。

Yuè shì zàiyì de dōngxi, jiù yuè shì hàipà shīqù.
2. 越是在意的东西，就越是害怕失去。

大事に思っているものほど、それを失うのが怖い。

Xīnguān bìngdú de liúxíng ràng wǒmen shīqù le "rìcháng".
3. 新冠病毒的流行让我们失去了"日常"。

新型コロナウイルスの流行によって私たちは「日常」を失った。

　「失去」という言葉は、「失う」という日本語とほぼ同じ意味ですが、中国語では抽象的なものに使われることが多いです。日本語の「失う」は具象的なものと抽象的なものの両方に使えるのと違って、主に「失去理智（理性を失う）」、「失去爱情（愛を失う）」、「失去希望（希望を失う）」、「失去信心（自信を失う）」、「失去知觉（知覚を失う）」、「失去效力（効力を失う）」といった使い方をされます。

何かを失う、なくすということは、それまでにすでにそれを獲得していて、手にしていることを意味します。家を失う、お金を失う、友だちを失う、家族を失うなどと言うためには、家、お金、友だち、家族を持っていたことが前提です。

　しかしながら、抽象的なものを失うというのはどういうことなのでしょうか。

　例文1にある「失去理智」ということは、理性が何か実体を持っているようなモノだということを意味しません。理性とは物事を正しく判断できる心的状態または能力として考えた場合、私たちが失うことができるのはモノではなく、能力や状態ということになります。

　また、一般論ですが、その能力や状態が具体的に何を意味するのか自体、それが置かれている文脈や環境によっても変化することがあります。

　ある者はそれまではきわめて「情熱的な」人間だと思われていましたが、理性を失ったというほどではありませんでした。しかし、その者を取り巻く状況が変化し、彼の情熱的な振る舞いが「理性を失った」状態として見られるようになりました。この場合は同じように振る舞っていたにもかかわらず、「理性を失った」と言われてしまうのです。

　極端な例を出すと、文化大革命のときの紅衛兵たちのふるまいはまさにそのケースに当たるでしょう。彼らは「情熱的に」革命に身を投じたと当時では考えられてい

ましたが、文革が終わると彼らないし社会全体が「理性を失っていた」と言われるようになりました。

　希望や自信などに関しても同様です。たとえば、長く優勝から遠ざかっているスポーツ選手にとっては、ある時点では自信をもたらしていたトロフィーが、むしろスランプの象徴として、いつからか自信を失わせることになることもあるでしょう。すなわち、ここで私たちが失うのは実体的なモノではなく、能力や状態ということになります。

　そもそも、理性とは何か、愛とは何か、希望とは何か、自信とは何かについては（簡単に）定義することはできません。それらは文脈によって完全に変わってしまうこともあるような、流動的で不安定なものです。理性的だとされていた行為が実は単に共感の能力が欠如していたからだったり、愛だと思っていた感情がただの共依存だったり、自信を持っていたと思っていたのがそれはむしろ自分自身に対する不安を隠すためのものだったり、希望をもたらすと思っていたのが絶望の幕開けだったりすることは日常茶飯事だと思うのです。

　それを「失去（失った）」と言うまさにその行為自体によって、私たちは遡及的に（「後出しジャンケン」的に）それは確かに存在していたという幻想を作り出している場合が意外と多いかもしれないということです。

　たとえば、**例文3**のように、新型コロナウイルスの流行で私たちはしばしば「日常を失った」という言い方を

していました。しかし、その日常とはそもそもあったの
か、それがどんなものだったのか、本当に一貫してい
て、私たちの生活を支えていたようなものだったのかを
改めて問われると、簡単には答えられないのではないで
しょうか。

　むしろ、そのような問いを掘り下げて考えていくと、
私たちが取り戻したいと思っている日常は実はとても退
屈なものだったり、おぞましかったり、私たちを窒息さ
せるようなものだったりすることもあるのではないでし
ょうか。言い換えれば、新型コロナウイルスが流行して
いた時期に出された「緊急事態宣言」はむしろ私たちの
日常自体の陰に潜んで、それを支えていた「何か」を明
るみに出しただけだったのではないかと問うこともでき
るのではないでしょうか。

　また、**例文1**の「未来を失う」という言い方を見れば
明らかですが、私たちはそもそも「未来」をあらかじめ
持っているわけではありません。たとえば太平洋戦争や
文化大革命のような歴史を見れば、社会が理性を失い、
人々が未来に絶望しても、未来は相変わらずやってきた
ことがわかります。

　かつて戦争や動乱の最中にいた人々から見た「失われ
た未来」の真只中に私たちはいますし、私たちはそれを
「現在」として生きています。戦争や動乱が終われば、
「未来を失った」とは感じなくなり、また新たに始まる
ことができます。つまり、「失った」という状態自体も

また、失うことのできるものなのです。

gūfù
4. 辜负
(人の好意・期待・育成などに)
背く、無にする

例　文

Wǒ zuìhòu xuǎnzé bù hé tā zài yìqǐ, shì wǒ gūfùle tā.
1. 我最后选择不和他在一起，是我辜负了他。
   最終的に、彼と一緒にいないことを選んだから、
   私のほうが彼を裏切ってしまったのです。

Tā gūfùle fùmǔ duì tā de qīwàng, méiyǒu zhǎodào yígè hǎo de gōngzuò.
2. 他辜负了父母对他的期望，没有找到一个好的工作。
   彼は両親の期待に応えられず、良い仕事を見つけ
   ることができなかった。

Zhège tuánduì gūfùle tóuzīzhě de xìnrèn, méiyǒu ànshí wánchéng xiàngmù.
3. 这个团队辜负了投资者的信任，没有按时完成项目。
   このチームは投資家の信頼を裏切り、プロジェク
   トを予定通りに完成させなかった。

「辜负」とは他者による期待、信頼、愛、好意、努力
などに背いたり、裏切ったりすることを指しています。

SNS などでの投稿を見ると、恋愛関係または婚姻関
係において、「ずっと一緒にいたい」「この関係を継続な
いし前進させたい」といった相手の期待に応えられなか

ったこと、ないし裏切ってしまったことを「辜負」と形容することが多いように感じます。

例文1では相手と一緒にならないこと、すなわち結婚しないことを選んだため、相手を裏切ってしまったと述べられています。この場合は基本的に感情をベースにしているのですが、場合によっては、「○○すべき」という規範や契約を破ってしまったようなニュアンスが前景化することがあります。感情が重いものであればあるほど、その規範や契約としての拘束力も強く感じます。

ただ、本来この言葉はより広い範囲で使われています。例えば、親からの期待、投資者、チームメイトからの信頼、友人からの好意、会社による育成などです。つまり、他者からのポジティブな「強い」または「重い」感情や行為などに応えられなかったり、それを裏切ってしまったりしたことを指す場合が多いです。

例文2はいい仕事を見つけるという親からの期待に応えられなかったことをもって裏切りと表現しています。それに対して、**例文3**では投資者からの期待に応えられなかったことが述べられています。

家族、友人、恋人、配偶者などに対して「辜負」してしまうことは、感情の問題の範疇で捉えることができますが、会社、投資者からの期待や教育育成は契約に違反していなければ問題ないはずです。しかし、それらに背いてしまったということでやはり「辜負」という道徳的な感情をベースとした、拘束力が非常に強い言葉が使わ

れているのです。

　これは逆に言えば、家族、友人、恋人、配偶者からの期待や愛は感情そのものというより、むしろ感情というカテゴリーの背後に隠れた契約関係なのではないかと考えることもできるように思います。そして、それは感情や愛情関係で語られているが故に、契約的な拘束力のみならず、道徳的・倫理的な拘束力が強く働いています。つまり、契約では縛ろうにも縛れないものを、道徳感情を借りて無理やり縛ろうとしているということです。

　このように道徳的な感情と契約をごちゃごちゃにすることで、その拘束力を高めることができます。かつての中国ならば、道徳感情と契約や規範は未分化であるか、もしくは同等のものとして受け止められていたのですが、若い世代はそれをよりドライに分けて考える傾向にあるように感じます。

　「道徳绑架」という言い方が近年盛んに言われるようになり、単なる一過性の流行語としてではなく、一般的な語彙として定着している感があります。直訳すると、「道徳による拉致」という意味になります。

　たとえば、親による育ての恩を返そうとして、一生懸命にその期待——たとえば良い仕事を見つけて大金を稼いで親の老後の面倒を見るなど——に応えようとすることは、それまで当たり前のことだとされてきました。しかしながら、親は子どもを育てることはむしろ義務であり、そこにはいかなる契約も存在していないこと、自分

の本当の希望を抑圧してまでその期待に応えなければならないという義務は自分にないということが意識されるようになっているのです。

「道徳綁架」とはそのような道徳感情に基づく期待を実質的に契約や規範として相手に押し付けることですが、「辜負」という言葉やそれが前提としている要求と規範はまさにそのような「道徳綁架」の一種として意識されつつあるのです。

それとは逆に、相手をより低いコストで利用できるように、道徳感情に訴える契約関係もあります。

たとえば、上司が普段良くしてやっているんだからという理由で、望まない残業をやらせようとすること、そしてそれを拒否すると道徳的に責めてくることはそのケースに当たります。普段良くしてやっているということは、良い感情的なつながりを構築しているという意味で、道徳的には相手にもそのつながりを大事することを要求します。それに対して、望まない残業を要求するのは契約違反になります。本来であれば、この二つは別々のこととして処理すべきですが、それを一緒くたにして道徳感情を人質に残業を要求してしまっています。これこそ「道徳綁架」にほかなりません。ほかにも、地下鉄やバスなどで、優先席でもないのに、若者が老人に席を譲らないことで責められることも一種の「道徳綁架」だとされる場合もあります。

ただ、若者たちにとって、恋愛関係はそうドライに分

けられないし、分けるべきではないとされる場合もあります。たとえば、恋愛相手（しばしば女性）に結婚を期待させながら、仕事をやめさせる、故郷を離れさせるなど、さまざまな犠牲を強いてきたとします。にもかかわらず、自分の都合でその関係性を正当な理由もなく終わらせる、ないし裏切ってしまった場合は、道徳感情と契約的な性質は分けることができても、分けて考えることは相手が払ってきた犠牲を考えれば搾取あるいは裏切りとなります。

　そのため、親、上司、会社などからの期待に対して「辜負」してもいいのだと考えていても、恋愛に関しては割り切れないことが多く、依然として「辜負」という観念が恋愛関係において使われているのです。

shīxìn
5. 失信
信用を失う

例　文

Tā yīnwèi qīzhà xíngwéi ér shīxìn yú shāngyè huǒbàn.
1. 他因为欺诈行为而失信于商业伙伴。

彼は詐欺行為により、ビジネスパートナーからの信用を失った。

Zhè jiā gōngsī yóuyú wèi lǚxíng hétong ér bèi liè wéi shīxìn qǐyè.
2. 这家公司由于未履行合同而被列为失信企业。

この企業は契約不履行のために信用失墜企業にリストアップされている。

Tā de shīxìn xíngwéi dǎozhì tā wúfǎ zài huòdé dàikuǎn.
3. 他的失信行为导致他无法再获得贷款。

彼の信用を失わせるような行動によって、彼はもはや融資を受けることができなくなった。

Tā de shīxìn jìlù shǐde tā zài yìngpìn guòchéng zhōng yùdào le kùnnan.
4. 她的失信记录使得她在应聘过程中遇到了困难。

彼女の信用不良の記録は、求職の過程で彼女に困難をもたらした。

「失信」は文字通りには「信用を失う」という意味ですが、約束を忘れる、破る、守らない、という意味でも

使われています。

　しかし、後者のそれらはいずれも行為です。それに対して「信用を失う」というのはその行為の結果にほかなりません。この言葉においては行為の結果でその行為自体を形容しているわけです。約束を守らないのは信用を失わせるような行為であり、そして約束を守らなければ即信用喪失というようなイメージにつながっています。

　「失信」における約束とは個人間の口約束から、企業間、または企業と個人間の契約まで広い範囲の意味をカバーしています。特に現在は後者の意味で使われることが多くなっています。その分だけ契約や法律による拘束が厳しくなっています。

　中国における個人間の口約束はわりと緩いもので、中国滞在経験者なら「5分だけ待って」と言われて30分以上待たされたことぐらい、一度は経験していると思います。それが何回も何回も繰り返されて初めて「失信」になりますが、1、2回ぐらいですぐに「失信」につながることはありませんでした。

　それに対して書面の契約、さらに債務に関わる書面契約の場合は支払いをしなければ信用を失わせるような行為だと見なされてしまいます。実際、借金の踏み倒しといった契約違反があったり、法律的な義務を履行していないと判断された者の情報を公開し、さらに厳しい懲戒を与えるシステムが中国で構築されています。そのベースには2014年から始まった「社会信用システム」の実

装という計画があります。金融に関するシステムがもっとも早い段階で実装されていましたが、「社会信用システム」は道徳も含むあらゆる領域をカバーするものです。

そのような懲罰を実行された者は「失信被執行人」と呼ばれ、以下のような行為が禁止されるようになります。

（一）交通手段を利用する際には、飛行機、寝台列車、船舶の上級クラスを選択すること。

（二）ホテル、ナイトクラブ、ゴルフ場などの高級な場所で消費すること。

（三）不動産の購入や新築、増築、高級な内装工事を行うこと。

（四）高級なオフィスビル、ホテル、アパートなどを賃借して事務を行うこと。

（五）事業に必要でない車両を購入すること。

（六）旅行をしたり、休暇をとること。

（七）子供を高額の私立学校に通わせること。

（八）高額な保険投資商品を購入するために高額な保険料を支払うこと。

（九）生活や仕事に必要のない消費行動をすること。

借金返済に必要のない、生活上の楽しみをもたらすだけの物事がいっさい制限されるのです。言い換えれば、生活の全体を借金返済のために、それだけのために再構成するように管理されるということです。2023年2月

時点で800万人が実際に「失信被執行人」として上記の生活上の制限を受けています。それ以降も人数が急増し、2023年末には3000万人に達する見込みだとも言われています。

　かつては、すぐに口約束を破るような人間は徐々に信用を失って周りから遠ざけられ、「社会」から排除されていったものです。それに対して、契約という法的な拘束力を持つ約束を破ると一気に信用を失い、遠ざけられるどころか厳しく管理されるようになります。「失信」した者がますます「社会」の中に包摂され、「社会」のためだけに生きる存在になっていくという構造があります。

　ただ、実際のところ、「失信被執行人」あるいはそれに類する者は、人間関係においてはかつてと同じように周りから遠ざけられ、あらゆる社会的な活動から締め出されているでしょう。その点において、「彼らは社会から排除されている」と言う場合の「社会」と、「彼らは社会の管理を受ける」と言う場合の「社会」はまったく異なるものとして考えなければなりません。

　前者の「社会」とは「コミュニティ」や「共同体」といった言葉に言い換えられるようなものです。そこでは人々が家族や友人に囲まれ、愛情や友情といった感情による承認や肯定を得たり、生きるための意義を与えられたりします。すなわち、それは人格にもとづくつながりから構成される「社会」なのです。そこでの「失信」と

は他者からの感情的な承認と肯定を無下にしてしまった
ことであり、共同体からの排除と人格の否定という懲罰
を受けます。

　それに対して、後者の「社会」はもっぱら経済的・契
約的な関係に限定されます。そこには愛情や友情が介入
することはなく、むしろ積極的に排除されます。また、
生きる意義ではなく、利益が追求されます。そこでの
「失信」とは他人の感情を損なうことではなく、利益を
損なうことにほかなりません。

　同時代の中国では、後者の「社会」のほうが遥かに強
い力を持っており、前者の共同体としての「社会」をも
その支配下に置いています。結婚すらも一種の契約に基
づく経済共同体、もしくは利益共同体として見なされて
いるという事実がその最たる例でしょう。

xìnòng

1. 戏弄

なぶる、ばかにする

例　文

Tā xǐhuan xìnòng tā de dìdi.
1. 他喜欢戏弄他的弟弟。

彼は弟をからかうのが好きだ。

Háizi men xǐhuan xìnòng xiǎo gǒu.
2. 孩子们喜欢戏弄小狗。

子どもたちは子犬をからかうのが好きだ。

Tā xǐhuan yòng yōumò lái xìnòng tā de péngyou, ràng dàjiā kāixīn.
3. 他喜欢用幽默来戏弄他的朋友，让大家开心。

彼はユーモラスな言動で友人たちをからかい、み
んなを楽しませることが好きだ。

Wǎngyǒu men fā dànmù xìnòng zhǔbō.
4. 网友们发弹幕戏弄主播。

ネットユーザーたちは弾幕を投稿して配信者をか
らかった。

「弄」とは「いじくる」、「もてあそぶ」の意味で、「戏」
とは「戯れる」「遊ぶ」の意味です。合わせて「弄って
戯れる」という意味になるでしょう。

「戏弄」が「からかう」という意味で使われる場合、

からかう者とからかわれる者の間に一種の信頼関係が前提として必要です。そのような信頼関係が成り立っている場合は、「戯弄」はからかいやいたずら程度に受け止められます。逆にそれがなければ、からかうという行為が他者の人格を否定し、ばかにするというふうに受け止められ、「もてあそぶ」「なぶる」といった否定的なニュアンスで受け止められます。

では、なぜそこに信頼関係が必要なのでしょうか?

例文1や**例文2**にあるように、弟やペットのような自分より年下の者、または弱い者に対して最もナチュラルに「戯弄」を行うことができます。そこにはあまり気兼ねがありません。からかう者とからかわれる者の間には、このような力関係や上下関係の存在が必要とされるのです。

しかし、同輩の間での「戯弄」にはそのような上下関係が存在しません。それでも「戯弄」という行為が対立やトラブルに発展せず、遊びとして成り立ってしまうのは、まさにそこに信頼関係があるからだと言えます。からかう側とからかわれる側の間には、一時的に上下関係や力関係が生じてしまうのですが、「これはあくまで一時的なものである」という前提が共有され、「戯弄」が終わればすぐにその関係の非対称性が解消されるという信頼があります。これがあって、はじめて遊びとして成り立つわけです。**例文3**はまさにその意味で「戯弄」が友人たちを「开心(幸せ)」にしているのです。

もしこの関係性が一時的なものではなく、固定化されてしまうならば、トラブルに発展することが多くなります。実際、いじめというものは、まさにからかう者とからかわれる者の関係性が長期にわたって継続され、上下関係として固定されてしまうことによって生じているケースが多くあります。そのような場合、いじめる側は自分たちに悪意がなく、いじめているつもりはないのに、なぜいじめだと言われてしまうのか理解できないかもしれません。

　そのような対人関係とは別に、2010年代からインターネットやSNSにある種の「戯弄文化」と私が呼んでいるものが形成されました。その代表的なものに「弾幕」というものがあります。動画を視聴しているユーザーがコメントを投稿し、そのコメントが動画に覆いかぶさるように右から左へと流れていく機能です。そうするとみんなでおしゃべりしながら同じ動画を観ているような感覚になります。日本の「ニコニコ動画」で誕生した機能ですが、むしろ中国のネットカルチャーで広く開花しました。

　例文4はネットユーザーたちがライブ配信者に対して、弾幕を送ってからかっているという内容です。例えば、危ない動作をしたり、パルクールしている姿を配信している配信者の集団に対して、「あんたたちの家の近くに整形外科を開業すると儲かりそう」と返したり、ふんわり前髪の作り方を教える配信者に対して「きみの髪

の毛はだいぶ言うことを聞いてくれるみたいだが、私の前髪には自分の考えがあるようだ」と返したり、ある料理の作り方を教える真面目な配信に対して、「脳：よし、わかった。／手：脳の言うことは聞くな」と返したりします。

　こういった弾幕やコメントによって、動画それ自体よりもコメントのほうがコンテンツとして面白くなります。コメントがコンテンツになるというのは、視聴者が単なる受容者ではなく、コンテンツの生産者になっているということでもあるといえます。彼らにとってネット上にあるものはすべて潜在的に「戯弄」の対象になりえます。

　このような「戯弄文化」では、むしろ今まで発信者から受信者へと一方的に届けるというマスメディア的な権力関係を逆転させ、対人関係における上から下への権力行使としての「戯弄」とも逆の、下から上へのからかいを可能にしています。それは場合によっては権威に対する挑戦として現れること、言い換えれば政治性を帯びることがあります。そこにはある種の反抗の火種もまた潜在しているといえます。

cuīcán
2. 摧残
踏みにじる

例文

1. Zhànzhēng gěi zhège chéngshì dàilái le jùdà de cuīcán.
   战争给这个城市带来了巨大的摧残。
   戦争はこの街に深刻な損害を与えた。

2. Jīngjì wēijī cuīcán le zhěnggè shèhuì.
   经济危机摧残了整个社会。
   経済危機は社会全体に甚大なダメージを与えた。

3. Chángqī de nüèdài cuīcán le xiǎoháizi de xīnlíng.
   长期的虐待摧残了小孩子的心灵。
   長期にわたる虐待が子どもの心を傷つけた。

4. Qīlíng xíngwéi huì duì shòuhàizhě de xīnlǐ chǎnshēng chángqī de cuīcán.
   欺凌行为会对受害者的心理产生长期的摧残。
   いじめ行為は被害者の心に長期にわたる傷を残してしまう。

「摧残」は中国語において「打ち壊す」「踏みにじる」といった意味を持ちますが、より一般的に政治、経済、文化、心身などに「大きなダメージを与える」という意味で使われることが多い言葉です。似たような言葉に
「摧毀」があり、同じように「打ち壊す」という意味が
cuīhuǐ

ありますが、これは「完全に破壊する」「粉砕する」といったニュアンスが強調されています。それに対して、「摧残」は、「不完全な」「一部が欠けている」という意味が前面に出ています。ここでの「残」は、日本語の「残り」よりも、深刻なダメージ、欠損しているというニュアンスが強調されています。

　例文1を見てみましょう。ここでは、戦争が都市に深刻な損害を与えたということが述べられています。もしここで「摧毀」という言葉が使われたら、破壊しつくされた、廃墟にされたといった意味になりますが、「摧残」なので深刻なダメージを与えているが、部分的な欠損です。そして、もっとも重要なのは、全壊した建物の瓦礫よりも、半壊、もしくは崩壊しかかっている建物のほうが、かえってダメージや傷の生々しさを伝えているということです。

　ほかにも政治や経済などにも使うことができます。例えば、**例文2**は経済危機が社会全体を「摧残」したと述べています。社会全体に対して深刻なダメージを与え、至る所に生々しい爪痕を残したというイメージになります。

　心理的、精神的なダメージに対しても、この言葉がよく使われています。**例文3**における「摧残心灵」という言い方は、日本語にすると「心を大きく傷つけた」「心理的なトラウマを与えた」といった言い方になるでしょう。

中国のSNS「豆瓣Douban」では、「我被老师摧残过（私は先生に心を傷つけられたことがある）」という討論グループがあります。2008年に立ち上げられたものですが、現在でもしばしばスレッドが投稿されています。そして、そのグループになんと1092人も参加しています。そこではいろいろな人がかつて学校の先生に傷つけられた体験を共有しています。中には虐待としかいえないような行為を長期にわたってされた経験から深刻なトラウマを抱えた人もいます。

　たとえば、小学4年生のときにクラスにいた、ある男の子のエピソードを見てみましょう。その男の子はおそらく家庭でもネグレクトされていて、風呂にも入らず、不衛生な身なりでした。ある日、学校全体の衛生検査が行われ、その男の子のせいでクラスの栄誉ポイント──そう、クラス間の競争も強いられていたのです──が減点されてしまいました。担任が激怒して、その男の子を教室の前に立たせ、ゴムバンドでそのボサボサに伸びてしまった髪の毛を乱暴に二つの三つ編みにして、辱めたのです。普段からやんちゃでみんなの注意を引くイタズラばかりするその男の子はこのときばかりは号泣していました。

　この教師がその男の子に行った行為は明確に虐待で、男の子の心を「摧残」するものだったと今なら言えます。しかし、問題はそれに止まりません。当時は、これを誰もおかしいとは思いませんでした。本人が普段から

不衛生だったせいで、クラスの栄誉ポイントを減点させたのだから、罰を受けるのは当然だと思われていたのです。ここで重要なのは、このエピソードを投稿したユーザー、すなわちみんなと一緒にその男の子を笑っていた者の一人が、後年そのことを振り返って、自分は先生の正しさを確信していたという事実が、そのユーザーの心に対する「摧残」だったと考えていることです。

栄誉ポイントなんてくだらないシステムのせいで、人一人の人格を踏み躙ることに自分が加担したこと、そのような加担に何の疑問も抱かないほど、自分の倫理観と世界観が歪められ、コントロールされていたこと、先生こそ正しく、その暴力に何の問題もないと考えてしまうこと自体、一種の「摧残」だったというわけです。

実際、中国の先生は勉強の得意な子ども、試験でいい点数を取った生徒を露骨にえこひいきするし、そうでなくても親から賄賂をもらうことでその子どもに良くすることに躊躇がない人が多くいました。一般的にそれが常識だとされていたのです。教師は決して給料の良い仕事ではありませんが、多くの教師——特に進学校の教師——は外車を乗りまわし、高価なブランド品を身につけています。親から「うちの子にもっと目をかけて、厳しくしてください」と賄賂を多くもらえるからです。

生徒自身かその親かを問わず、実力のある者が優遇され、その逆の者たちは言葉の暴力と、虐待紛いの行為を日常的にされてしまいます。そしてそれが罪に問われる

どころかむしろ称賛されるのです。

　そして、その実力を測るのがお金であり、栄誉ポイントです。栄誉ポイントはクラス間の競争ですが、それとは別にクラス内の個々の生徒の成績と普段の行いを評価するポイント制度も取り入れているところが多いです。そして、そのポイントは常にグラフにして明確に可視化した上で、クラスのもっとも目立つところにでかでかと貼り出されるのが普通です。

　生徒の評価基準は、数字化できる点数やポイント数に一本化されます。数字化できない才能は才能として認められず、否定されるのみです。そして、評価点数が低い者に対して、その尊厳や権利を踏みにじること、すなわち「摧残」することが学校、家庭、さらに社会によって認められています。中国の教育現場における「摧残」は個々の行為を超えて、より一般的な観念と一連の具体的な方法として制度化されているのです。

duòluò
3. 堕落
堕落する、没落する

例　文

Zhège guójiā de zhèngfǔ de duòluò hé fǔbài dǎozhì le shèhuì de hùnluàn.
1. 这个国家的政府的堕落和腐败导致了社会的混乱。
   この国の政府の堕落と腐敗が社会の混乱をもたら
   している。

Tā de tānlán hé qīpiàn xíngwéi shǐ tā duòluò.
2. 他的贪婪和欺骗行为使他堕落。
   彼の貪欲さと詐欺行為が彼を堕落させた。

Zhèxiē tiān máng sǐle, jīntiān yào jǐnqíng de duòluò yíxià!
3. 这些天忙死了，今天要尽情地堕落一下！
   最近は死ぬほど忙しかったから、今日は思い切っ
   て堕落しないとね！

Tā yuánběn shì yí ge zhèngzhí de rén, dàn zhújiàn duòluò, zuìzhōng zǒushàngle
4. 他原本是一个正直的人，但逐渐堕落，最终走上了
   fànzuì de dàolù.
   犯罪的道路。
   彼は元々正直な人だったが、次第に堕落し、最終
   的に犯罪の道に進んでしまった。

「堕落」は日本語の語彙にもなっており、基本的な意
味も同じです。簡単にいえば、堕落することとは、道徳

的、制度的な腐敗、もしくは正義に悖（もと）るといったことを意味します。

たとえば、**例文１**における国の政府が腐敗し堕落したがために社会の混乱状態を招いてしまったこと、**例文２**における「彼」の貪欲さと欺瞞が彼を堕落した人間にしていることなどはまさにその意味での用例になります。逆にいえば、堕落は貪欲さや欺瞞といった不道徳な性質によって特徴づけられるということでもあります。

しかし、こういった原義に沿った、不道徳の意味にもとづく使い方だけでなく、中国では近年、向上心がない状態を形容する際にもよりカジュアルな形で使われるようになっています。

まず、堕落していない状態とはどんなものかについて見ていきましょう。

それは何よりも向上心がある状態だとされています。たとえば、「いい成績を取ろう」、「同級生たちを出し抜こう」といった意欲のある状態や、「（好ましくない現状に対して）焦燥感をおぼえよ」、「先生や親からの期待と励まし（という名のプレッシャー）に応えよ」といった駆り立ての力に素直に従っている状態がそれに該当します。これがいわゆる理想的な、堕落していない状態だとされます。

それに対して、「テストでしくじっても気にしない」、「もう勉強したくない」、「疲れすぎてもう休みたい」、「好きなことがしたい」といった駆り立ての力を拒否す

るような内心のネガティブな声に従ってしまうことが堕落した状態とされます。それは何かをやり遂げること、目的に向かって努力することを諦め、人を駄目にするような欲望の奴隷になってしまったという背徳なニュアンスを持っています。

　近年、若者の中である種の流行語として「間歇性堕落（間欠性堕落）」とその反対語としての「間歇性努力（間欠性努力）」という概念セットが、自分たちが陥ってしまう状態をうまく言語化したものとして使われるようになっています。

　たとえば、4日間きちんと目標に向かって勉強や仕事を頑張ってきたのに、衝動的に何もかもがどうでもいいと感じるようになり、気づいたらすべてを投げ出していて、1日まったく何もせず、だらだらしたり、ゲームしたりして終わってしまったような状態が定期的に生じることが典型的な例です。

　またはその逆に、何日にもわたって上記のような「堕落」した生活を送った後、このままではいけないと焦りを感じて急に努力しようとすることを「間歇性努力」と言います。もちろん、その努力が長く続くことはなく、またしても「堕落」の状態に陥ってしまうのが常です。

　昔のアメリカのカートゥーンに、頭の横に小さい天使の自分と悪魔の自分が内なる矛盾の象徴として現れて、どうすべきかについて言い争う表現がありますが、「努力（＝天使）」と「堕落（＝悪魔）」の間で揺れ動く状態

はまさにそのようにイメージすることができます。その
ような内なる天使と悪魔の戦いに巻き込まれて、どうす
ることもできずに、受動的に振り回されてしまうのです。

　しかし、受動的に振り回されるのではなく、**例文3**の
ように能動的に、あえて「堕落」を選ぶこともできま
す。こんなにつらい思いをして働いてきたのに、1日ぐ
らい「堕落」したって悪いことなんてあるもんか、とい
うわけです。それは「犒労自己（自分を労う）」といっ
　　　　　　　kàoláo zìjǐ
てもいいのにもかかわらず、あえて「堕落」というネガ
ティブなイメージを引き受けて、それをポジティブな意
味として使っています。「好きなことがしたい」「何もせ
ずに休みたい」といった欲望を否定的なものではなく、
肯定的なものとして考えたいという、はびこる向上と努
力の倫理に対する反抗だといってもいいでしょう。

mómiè
4. 磨灭
磨滅する

例　文

Zhè cháng bìngdú yìqíng zhèngzài mómiè wǒmen de xīwàng.
1. 这场病毒疫情正在磨灭我们的希望。

　このウイルス感染症が蔓延る状況は、私たちの希望を徐々に奪っていっている。

Chángqī de yālì hé píláo zhèngzài mómiè tā de rèqíng hé dònglì.
2. 长期的压力和疲劳正在磨灭他的热情和动力。

　長期のストレスと疲労が彼の情熱とやる気を徐々にすり減らしている。

Chángqī de wūrǎn zhèngzài mómiè zhè piàn měilì de zìránhuánjìng.
3. 长期的污染正在磨灭这片美丽的自然环境。

　長期の汚染がこの美しい自然環境を破壊しつつある。

Chángshíjiān de shīyè jīhū mómiè le tā de xīwàng hé zìzūnxīn.
4. 长时间的失业几乎磨灭了他的希望和自尊心。

　長期の失業は彼の希望と自尊心をほとんど奪い去った。

　「磨灭」とは、ある対象が徐々にすり減らされていき、最終的に消し去られることを指します。その対象はほぼ

なんでもありえます。思いつくまま挙げてみましょう。

　希望、建築物、文化、記憶、情熱、エネルギー、自信、功績、恐怖や不安、伝統や文化、自然環境、職業、生活、未来、平和、友情、人間性、尊厳、帰属感、団結力、自尊心、経済的安定……。

　この言葉が使われる文型においては基本的に主語と目的語があるため、何かが原因となって徐々にそれらの対象がすり減らされ、消し去られていくという形で使われます。「風化」や「風食」といった、徐々に対象をすり減らす現象を思い浮かべてもらえばイメージしやすいかと思いますが、「磨滅」は基本的にある原因、すなわち「風化」といった結果をもたらした責任がある主体を想定しているというところが異なります。

　例文1を見てみましょう。ここで「磨滅」の原因となっているのは疫病の発生とまん延です。そして、「磨滅」の対象は私たちの希望です。疫病の発生が長期にわたって社会を蝕んでいった結果として、私たちは徐々に希望を失っていくという文脈を想像できます。

　新型コロナウイルスが中国で猛威を振るいはじめたとき、中国の各地で厳しいロックダウン政策が実施されました。不合理で大きな変化を一気にもたらす防疫政策には強い抵抗も生じていましたが、むしろ人々から希望を奪っていったのは、小さな制限や不便が長期にわたって継続し、出口が見えなくなったことなのではないかと思います。

小さな制限と不便は「自粛」を強いられた日本でも強く感じられることだったのですが、中国の場合、さまざまな場所の出入りがQRコードで管理されるなど、自由に対する小さな制限もどんどん積み重なっていき、コロナ禍以降もそれが継続され、気づいたら自由の範囲がさらに狭められていました。つまり、その過程で希望だけでなく、自由もまた「磨滅」されていったのです。

　例文2では原因が「長期にわたるプレッシャーと疲労」で、対象が「情熱とエネルギー」です。そして、**例文3**では、原因が「汚染」で、対象が「自然環境」となっています。仕事にプレッシャーは付き物ですし、モチベーションの向上にもつながるものですが、しっかりと報酬を用意し、休息の期間を用意しなければ、モチベーションが持続するどころかその仕事に対して持っていた情熱もまたすり減らされてなくなってしまうのです。「内巻」などの項で述べたことですが、中国の労働環境はきわめて劣悪なものとなっています。その結果、多くの若者は仕事に対する情熱を失っていき、「摸魚（サボること）」「躺平（寝そべること）」といった姿勢を取るようになっていきました。

　それと同様に、小さな汚染や環境を変化させる行為も、長年続ければ自然環境に対して不可逆的なダメージを与え、最終的に破壊してしまいます。

　「磨滅」の原因と対象はウイルスといった自然的な不可抗力である場合もあるし、労働環境や汚染といった人

為的なものでもありえます。自然か人為かにかかわらず、対象をすり減らして、最終的に消滅させる「磨滅」というのは一種の独特な否定の仕方、もしくは「暴力」だと言ってもいいでしょう。しかしながら、それはいわゆる破壊やせん滅といった直接的な暴力とは異なっているように感じます。

この言葉で強調されているのは、自然か人為かという主体や対象に関わることでも、破壊されるかどうかという結果でもなく、長期にわたる時間の中で物事が特定の原因によって変質させられ、最終的に消滅させられてしまうという、時間による暴力にほかなりません。その暴力は圧倒的な力を必ずしも必要とすることはなく、攻撃的である必要さえありません。むしろ、その否定の力があまりにも小さく、無視しても構わないと思えるようなものです。言い換えれば、その暴力の暴力性はその持続性に由来するということです。

直接的で、攻撃的な暴力には暴力をもって対抗することができますし、少なくとも明確に抵抗の対象として向き合うことができますが、それに対して「磨滅」は個々の否定の力があまりにも小さく、それ自体で見たときにそれなりの合理性を有している場合（今日中にこの案件を終わらせないとクライアントに迷惑をかけるから残業もやむなし、といったケース）が多いので、抵抗が難しいということです。

私たちの抵抗の力もまた「磨滅」されていくのです。

guizishōu
5. 刽子手
死刑執行人

例 文

Zài zhè jiàn shì shàng, měi gè rén dōu shì guìzishǒu.
1.在这件事上，每个人都是刽子手。

このことに関して、誰もが死刑執行人のような存在（＝共犯）である。

Wǒ zhǐnéng xuǎnzé tiānkōng/juébù guì zài dìshang/yǐ xiǎn chū guìzishǒu men
2.我只能选择天空／决不跪在地上／以显出刽子手们
de gāodà
的高大。

私は天空を選ぶしかない／決して地に跪くことはない／それが処刑人たちを高く見せてしまうからだ。

　「刽子手」とはもともと死刑の執行人のことを指します。そこから転じて、「人びとに害や悪をなす悪人」を比喩的に指すようになりました。**例文1**にある「誰もが死刑執行人（のような存在）である」というような言い方は中国では一般的です。それが可能になるためには、「死刑執行人」という文字通りの意味ではなく、「他人に害や悪をなす存在」、つまり悪や暴力の象徴というようなニュアンスが必要になります。

例文 1 は日本語として自然になるように訳そうとすると、死刑執行人ではなく、どうしても「共犯」という言葉の方がしっくりきます。この翻訳上の問題から、死刑執行人はむしろ犯罪者を裁く側であるのに、中国語ではほぼ犯罪者と同義で使われているという事実が見えてきます。

　本来、執行人は、自らの欲望や意図に従って人を殺す殺人者と違って、必ずしもその死を決定し、責任を負う者とはかぎりません。というより、定義上その責任を負ってはならないのです。彼らはあくまで報酬のために、権力者の命令にしたがって死刑を執行しているにすぎません。にもかかわらず、中国語では（あるいは他の言語でもそうかもしれませんが）まるで彼らこそがその殺人の責任者であるかのような比喩になっています。

　また、本来は死刑執行人ではなく、死刑宣告を受けた者こそ犯罪者や悪人であるはずです。もちろん、時代によって悪人の定義は変わるし、清廉潔白であるのに冤罪で斬首されてしまったという人も数知れません。しかし、それでもその冤罪を被せたのは裁判官や権力者であり、死刑執行人ではないはずです。

　中国語におけるこのような殺人の責任の転嫁または転移は、中国人の権力者との関係性を反映しているのではないかと考えてみると面白いと思います。

　死刑は確かに執行人よりずっと上の権力者の命令によって執行されるものであり、したがってその責任を負う

べきはその権力者にほかなりません。しかし、権力者、特に死刑の命令を下せるほどの高位の権力者は不可侵な存在だと考えられているため、責任の主体、抑圧的な暴力の原因やイメージはそれを実際に執行するものに転嫁されるのです。

そこでは、悪や暴力に関する想像力が意図的、もしくは習慣的により直接な暴力に限定されているともいえます。たとえば、古来より中国で何か問題が起きたときに、それは命令者＝国家の指導者が悪いのではなく、それを執行する役人が悪いのだということにされがちであり、だからこそ地方の問題を直接権力の中枢に直訴する習慣も定着しているのかもしれません。

それに対して、死刑執行人のイメージを別の文脈において、その意味するところを変形させていることもあります。

文化大革命が終わった後の80年代に、中国の大学生から「朦朧派」と呼ばれる詩の流派が誕生しました。彼らの詩はそれまでの社会主義は素晴らしいと謳う詩とは違って、文化大革命によって傷ついた心、これからは何を信じれば良いのか、どこに向かうのかという彷徨、もう集団主義的な狂騒に与しない決心などを描いています。

例文2は「朦朧派」の代表的な詩人である北島の詩における有名なフレーズです。死刑執行人の「高さ」を際立たせないために、もう跪かないことが述べられています。文化大革命の時には批判大会がしばしば行われてい

ましたが、そこで批判された「反革命分子」が首から罪状が書かれた金属のプレートを下げ、跪く姿は文化大革命の残酷さを象徴するイメージです。

このフレーズが当時の若者の心を摑んだのは、死刑執行人があれほど大きく見えたのは彼ら自身が大きいからではなく、私たちが跪いていたからだという、責任を時代にも執政者にも還元しない、文化大革命の責任は私たちにもあるのだという認識を突きつけたからです。そう考えると、死刑執行人と私たちが似たような立場にあるということになります。私たちが死刑執行人に屈したのと同じように、死刑執行人もまた権力者の命令に屈していたからです。

例文1の「誰もが死刑執行人である」という言い方が可能であるのもこのような類似性、もしくは連続性に原因があるように思います。

2021年頃から、中国で新型コロナウイルスの流行に対する厳しすぎるロックダウンと検査を要求する政策が施行されていました。それに対する不満が2022年の終わり頃に噴出し、防護服を着た防疫の担当者たちが死刑執行人と呼ばれ、悪魔化されました。

しかし、実際はその防疫政策に対して多くの人が最初の頃は称賛し、その合理性を讃え、防護服を着た彼らを天使と呼んでいたのです。さらに、「失信」の項で紹介した「社会信用システム」のような過剰な監視・管理システムに対しても、安全性と利便性という理由で多くの

人は受け入れ、中国の先進性の象徴とさえ考えていました。

　しかし、ロックダウンに伴う自由の制限と権利の侵害は、そのシステムと同じ論理を共有しているだけでなく、同じ監視と管理のインフラストラクチャーを使っているという点からしても、安全性と利便性を提供するシステムの延長線上にあるものだと言うほかありません。その意味で、死刑執行人に跪いた者として、彼らもまた死刑執行人と同じ責任を負わなければならないのです。

第四節　無為と抵抗

sàng
1. 喪
ネガティブな状態、
もしくはそれにまつわる文化

例　文

Nǐ quánlì zuòdào de zuìhǎo, kěnéng hái bùrú biérén de suíbiàn gǎogao.
1. 你全力做到的最好，可能还不如别人的随便搞搞。
   あなたがベストを尽くしてやったことは、他人の
   適当な仕事よりも劣っているかもしれない。

Shībài bìng bù kěpà, kěpà de shì nǐ hái xiāngxìn zhè jù huà.
2. 失败并不可怕，可怕的是你还相信这句话。
   失敗は怖くない。怖いのはきみがこの言葉を信じ
   ているということである。

Bié huīxīn, rénshēng jiùshì zhèyàng qǐqǐluòluòluòluòluòluòluòluòluòluòluòluò
3. 别灰心，人生就是这样起起落落落落落落落落落
   luòluòluòluòluòluòluòluòluòluòluòluòluòluòluòluòluòluòluòluòluòluòluòluòluòluòluò
   落落落落落落落落落落落落落落落落落落落落落落落落落
   luòluòluòluòluòluòluòluòluòluò luò de.
   落落落落落落落落落落落落的。＊＊起起落落　山あり谷あり
   落ち込むな。人生には山あり谷谷谷谷谷谷谷谷谷
   谷谷谷谷谷谷谷谷谷谷谷谷谷谷谷谷谷谷谷谷谷
   谷谷谷谷谷谷谷谷谷谷谷谷谷ありと言うだろう。

Tiáo tiáo dà lù tōng luómǎ, ér yǒu xiē rén jiù shēng zài luómǎ.
4. 条条大路通罗马，而有些人就生在罗马。
   全ての道はローマに通ずるが、最初からローマに
   生まれた者もいる。

「喪」は一つの語というよりも、ある種のサブカルチャーの総称としての性格が強い言葉です。「喪文化」とは一言で言えば、2016年以降に、ネガティブな言葉や画像のミームを通して中国で流行し、大きな影響力を発揮した文化現象です。太宰治の『人間失格』や映画『嫌われ松子の一生』といった日本の作品、そしてアメリカの「ビートジェネレーション」の文化もその文脈で再評価されたりしました。

　「喪」を理解するため、少し変則的ではありますが、例文は「喪」自体を使ったものではなく、その内実や特徴を示す言い回しやミームを挙げています。いずれもネットで典型的な「喪」の言葉として流通していたものです。

　それらを詳しく見ていきましょう。

　例文1は、「あなたがベストを尽くしてやったことは、他人の適当な仕事よりも劣っているかもしれない」というメッセージ自体が非常に後ろ向きの言葉ですが、「好」と「搞」で韻を踏んでいるため、少し冗談やからかいの雰囲気を持っています。

　例文2の「失敗は怖くない。怖いのはきみがこの言葉を信じているということである」は、普段人を励ますときに使う常套句をからかう言い方となっています。失敗は怖いことであり、現実では恐ろしい結果をもたらすのに、そのようなあからさまな現実が見えていないきみの方が怖いということですね。

「落ち込むな、人生には山あり谷谷ありと言うだろう」という**例文3**は、効果的に「起起落落（山あり谷あり）」という慣用句を、ぷすっと笑ってしまうような言い方でネガティブなメッセージに変えています。現実では人生にはほとんど「谷」しかないのだと。

　例文4の「全ての道はローマに通ずるが、最初からローマに生まれた者もいる」は日本でもよく知られている慣用句をもじったものになります。私たちが最終的に曲がりなりにも「ローマ」にたどり着くことができるかもしれないが、最初からそこに生まれて育った者もいること、私たちが一生を懸けて頑張った末にようやくその者たちのスタート地点に立てたことの虚しさが滲み出る言い方となっています。中国でどんどん拡大していく格差を揶揄する言葉となっています。

　以上の例文はすべて、確かにそれぞれ極めてネガティブなメッセージを伝えているのですが、その言い方は楽しく面白いものとなっています。いずれも慣用句に対する解体と風刺をベースにしていることも、独創性や意外性という点でその面白さに貢献しているといえます。

　なぜネガティブなメッセージや思想を伝えるのに、面白さと独創性が必要なのでしょうか。私なりの考えを述べますと、次のようになります。

　厳しい社会の情勢はしばしば人々をきわめて受動的な

立場に追いやってしまいます。外部のプレッシャーに負けて、どんどんネガティブな状態に陥っていきます。これまでの項（たとえば「内巻」など）で述べてきた理由で、それらに反抗することはできません。そのような状況で、人は能動性と主体性を失ってしまっています。

　それに対して「喪文化」は単にネガティブな状態を追認するのではなく、むしろ主流社会が押し付ける規範を解体する形で自らのネガティブな状況を創造的に、言い換えれば能動的・主体的に解体することで「否定」しているという点で大きな解放感を与えてくれるように感じられるのではないでしょうか。確かに私たちは徹底的に受動的な立場に追いやられているが、それでもからかい、風刺という形で言い返すことができるのだという感覚を与えるのです。

　中国政府や主流文化は若者のこのような「喪文化」の流行をたいへん警戒して、それを「精神的なアヘン」と呼び、それが伝える「負能量（マイナスなエネルギー）」に対して、メディアになるべく「正能量（プラスのエネルギー）」を伝えるように圧力をかけたりしたほどです。そして、2019年にウェブコンテンツの審査基準を新たに作り、「喪文化」の宣伝も禁止しました。

　しかし、エネルギーの変換もしくは押さえ付けはそんなに簡単にできるものではありません。今でもそのようなエネルギーがさまざまなところで噴出し、より大きな爆発を待っているのかもしれません。

hùn rìzi／mōyú
2. 混日子／摸鱼
その日暮らしをする／さぼる

例　文

Tā yìzhí zài hùn rìzi, méiyǒu míngquè de mùbiāo.
1. 他一直在混日子，没有明确的目标。

　彼はずっとその日暮らしをしていて、明確な目標
　を持っていない。

Bié zǒng shì hùn rìzi le, nǐ xūyào zhǎo fèn gōngzuò.
2. 别总是混日子了，你需要找份工作。

　いつまでもだらだらと暮らしてないで、仕事を見
　つけなきゃ。

Tā kànsi zài nǔlì gōngzuò, shíjì shàng zài mōyú.
3. 他看似在努力工作，实际上在摸鱼。

　彼は一見働いているように見えるが、実際にはさ
　ぼっている。

Jíbiàn zhǎodào gōngzuò yě bùnéng tiāntiān mōyú, yào zuò chū chéngjì.
4. 即便找到工作也不能天天摸鱼，要做出成绩。

　仕事が見つかっても、毎日さぼってはいけない。
　成果を出す必要がある。

　ここでは、似た意味でありながら、まったく異なる価
値づけをされる二つの言葉を取り上げます。「混日子」

と「摸魚」です。

「混日子」という中国語は、「日々をいいかげんに過ごす」という意味です。具体的な目標や積極的な取り組みのない生活スタイルを形容する口語表現です。通常、怠惰で消極的な生活を送り、やる気や目標が欠けていることを指します。ぐうたらで、無気力で、向上心のない面倒くさがり屋の生活スタイルというふうにイメージしてもらえばよいかと思います。

中国語でこの言葉がよく使われるのは、「きちんとした仕事についているかどうか」という文脈です。**例文1**のように、「混日子」は仕事についていることと対立しています。無職で親の脛をかじって生活していたり、**例文2**のように、例えば芸術家を目指すというような明確な目標もなかったりすると、その人は「混日子」していると言われるわけです。

ただ、きちんとした仕事についていても、その仕事をきちんとこなしていなければ、「混日子」と言われることもあります。すなわち、もし毎日適当に仕事をして手柄を立てて昇進したり、より大きな成果を得たりするような目標がなければ、それも「混日子」と言われることがあるのです。言ってみれば、「混日子」とはきちんと働いて、成果を出し、上を目指すという勤労や向上の倫理からはずれた者を強く非難する言葉になります。

しかし一方で、ここ数年「摸魚」という言葉が流行語になっています。それはもともと混乱に乗じて利益を得

るという意味の諺「渾水摸魚（濁った水から魚を捕る）」から取られたもので、「仕事または勉強中にこっそりと、仕事や勉強の内容とは関係のない、自分のやりたいことをやる」という意味に派生したものです。たとえば、**例文３**にあるように、眉間に皺を寄せてパソコンに向かっていかにもまじめに仕事をしているふうに装っているが、実はオンラインゲームをしているといった状態がまさに「摸魚」に当たります。

　そのような仕事のスタイルを取ると、当然業績が上がりません。したがって、昇進もありません。仕事において達成したい目標に向かって頑張っている状態ではもちろんありません。つまり、完璧な「混日子」を実践しているわけです。ただ問題なのは、「混日子」と違って、「摸魚」という言葉は、労働倫理の立場から人を非難するような使い方はほとんどされていないということです。むしろ逆に今の労働環境の中で積極的か消極的かにかかわらず、ある程度合理的な行為として受け止められているのです。

　「内巻」の項目で書いたように、無益な激しい競争に誰もが「やってられるか」と思うようになってしまっていて、それによって「何もしない」「無為に過ごす」といった思想に共感するようになりました。かといって、実際に無為に過ごしたりするのは生活が立ち行かなくなるので、その折衷案もしくはその思想の現実における表現として「摸魚」が肯定され、実践されているわけです。

「摸魚」が紛れもない実践であるのは、そこにはある種の技術またはスキルが必要となるからです。たとえば上司が近づいたら一瞬でパソコンの画面を切り替えられるようにしかるべきショートカット・キーを覚えたり、ないしワンクリックで仕事の資料を開くようにするプログラムを用意したりしなければなりません。2021年に中国の名門、清華大学の掲示板であるユーザーによって「摸魚学概論」なる講義が開講され、瞬く間にミームとして拡散されて本当に役に立つ「摸魚」技術が多く提案されたほどです。

　また、ホワイトカラーの間で「打工人」、すなわちアルバイトをする人という意味の言葉が、社長の富のために一生懸命に働いている自分たちの境遇をうまく表現しているとして流行語となりました。「摸魚」はそのような労働成果と富から疎外された状況に対する抵抗の実践、すなわち給料泥棒として自分の分を取り返す実践としても捉えられていました。

　ここからある種の労働倫理の変化が見て取れます。「混日子」はかつて勤労人民という理想的な労働倫理を体現するモデルから逸脱するものとして強く批判されていたのに対して、現在はむしろ給料泥棒的な行為が一種の「義賊」として広く肯定され、実践されるようになっています。それだけ中国の若い労働者たちが疲弊しているということでもありますが、「摸魚」をめぐるミームを見ると、そこに素晴らしい想像力と創造力がみなぎっ

ていて、抵抗以上の意義を持っているように感じます。

3. 佛系
Fóxì

仏系、無為無欲系

例文

1. "佛系"生活，无忧无虑。
Fóxì shēnghuó, wú yōu wú lǜ.

「仏系」生活には悩みなし。

2. 她的态度一直都很"佛系"，无论发生什么都能淡然面对。
Tā de tàidù yìzhí dōu hěn "Fóxì", wúlùn fāshēng shénme dōu néng dànrán miàn duì.

彼女の態度は常に「仏系」であり、何が起こっても冷静に対処できる。

3. "我们谈恋爱吧。" "都行，看你。"
Wǒmen tán liàn'ài ba. Dōu xíng, kàn nǐ.

「付き合いましょう」「どっちでもいいよ、そっちが決めて」

　現代中国の若者たちの欲望のあり方に関して非常に象徴的な言葉に「佛系」があります。流行語ではありますが、定着しているようにも感じられます。

　「佛」とは「仏教（佛教）」のことですが、宗教的語彙ではなく、ある種の世俗的な欲望から解放され、無欲になった状態のイメージをそこから借りています。中国で

は、この言葉が象徴する態度に対する考え方が、世代によってかなり異なっています。「佛系」を、厳しい社会を前にして無気力になって諦めてしまうことだと捉える人には、40代、50代以上の人が多いです。それに対して30代より下の世代、つまり「80後」「90後」以降の世代にとって、「佛系」はむしろそのような厳しい社会の抑圧から解放される、というようなニュアンスを持つことがあります。

　例文1を見てみましょう。「佛系」の生活には悩みはなく、焦燥感を駆り立てるようなものも存在しないということが言われています。ここからわかるのは、それは悩みの対極にある生活状態、もしくは悩みに満ちた生活から解放された状態だということです。外部の刺激や誘惑、プレッシャーやネガティブなものに影響されない精神の平和状態を目指した生活だといえるでしょう。

　実は、この言葉は日本から中国に伝わったものだと言われています。女性ファッション誌『non-no（ノンノ）』の2014年3月号（1月20日発売）で紹介された「仏男子」が初出で、もともと草食系男子の進化系（？）として紹介されました。「恋愛が面倒くさい」「趣味がいちばん」「気を使いたくない」といった特徴が持っている男子を総称するものだそうです。恋愛という文脈での呼称なので、基本的に恋愛という世俗的な欲望から解放された状態を出家した僧侶のイメージと重ねたものだといえます。

この後、「佛系」は2018年から中国のネット上で頻繁に見かけられるようになり、ついに一般的な呼称として広まり、社会現象となりました。その際、日本における原義と異なり、性別が男性に限定されず、文脈も恋愛だけでなく生活態度や世界観全般に拡大しました。すなわち、それはすべての人が世界と向き合う態度そのものを形容する言葉となったのです。

　例文2では、どんな目に遭っても、気にもとめずあっさりと受け流す、ある種の達観した態度を「佛系」と呼んでいます。それは外部からの押しつけに影響されないし、無理に抗おうともしない、流れに身を任せるような態度でもあります。このような言い方から、諦めというよりも、しっかりとした芯をもって厳しい世界と対峙し、自分を貫くというある種の能動性を読み取ることも可能です。

　例文3は「佛系」という言葉自体を使っていませんが、その態度を端的に示すネタとして広く流布しているものです。「付き合いましょう」という告白に対して、「どっちでもいいよ、そっちが決めて」と返事しています。つまり、「あってもいいし、なくてもいい」という姿勢がそのベースにあります。対象が変わってもこの論理は残ります。ゲームの場合は「勝ってもいいし、負けてもいい」、入試の場合は「受かってもいいし、受からなくてもいい」、お金の場合は「あってもいいし、なくても困らない」となります。

このベースにある論理に注目した場合、「佛系」がよく批判されるのは無気力や諦めを称揚しているからだというより、むしろ「差異の抹消」をもたらすからなのではないかと私は考えています。その中には当然ヒエラルキーという差異も含まれます。ゲームの勝ち負けで生じるヒエラルキー、入試の合否とそれに伴う人生の差異によって生じるヒエラルキー、お金の格差によって生じる社会的地位や承認のヒエラルキー、これらはすべて「佛系」的な態度によって否定されるのです。

　その意味で主流の社会からすれば非常に受け入れがたく、強い反発と批判を引き起こしたのはむしろ当然だったといえます。「あなたたちがすべてをかけて必死に手に入れた「差異」が本質的にどうでもいいものである」と言われているようなものですから。

4. 躺平
tǎng píng

寝そべる

例　文

1. 她决定躺平，不再追求过高的目标。
   Tā juédìng tǎng píng, bù zài zhuīqiú guò gāo de mùbiāo.

   彼女は寝そべることに決め、高すぎる目標を追う
   ことをやめた。

2. 他决定躺平一段时间，重新审视人生的意义。
   Tā juédìng tǎng píng yíduàn shíjiān, chóngxīn shěnshì rénshēng de yìyì.

   彼はある期間を通して寝そべって、人生の意義を
   再考することに決めた。

　「躺平」は 2021 年頃から中国で広く使われるようにな
った流行語です。日本でも新聞やテレビなどで紹介され
ているので、聞いたことのある方も多いと思います。日
本では主に「寝そべる／寝そべり」と訳されていま
す。また、それが単なる流行語を超えて、社会現象にも
なっているため、「躺平主義（寝そべり主義）」と呼ばれ
ることも多いです。中国政府はそれが中国社会全体にも
たらしうる危害を問題視し、「躺平（主義）」を名指しで
批判しました。このことは、そのラディカルさと脅威を
象徴しています。

例文1では、高すぎる目標を追求しないことを「躺平」と呼んでいます。高すぎる目標とは、自分を追い詰めてしまうほどの目標だと考えられるでしょう。ここではもちろん実際に寝そべるのではなく、あくまでそれを比喩として「何もしない」ということが表現されているということです。そして、その点において「躺平」は「主義」と呼ばれるほどの、よりラディカルな意味を含んでいます。

　それを理解するには、この言葉の由来から考える必要があります。

　元々、「躺平」を含む文章は中国のウェブ掲示板でしばしば投稿されていたと言われています。それが最終的に2021年4月17日に「好心的旅行家」というネットユーザーの掲示板への投稿「寝そべりこそ正義」によって、一種の主義に昇華されました。

　その投稿の内容を見てみましょう。

　　2年以上働いていない。ずっと遊んでいる。どこか間違っているとも思わない。プレッシャーはおもに自分の周りの人との比較した後に見つけた立ち位置や、上の世代の伝統的な観念に由来する。それらは四六時中自分のまわりに現れている。いつも見ているトレンドのニュースも全部タレントの恋愛や妊娠のような「生育関係」のものだ。まるで「見えない生物」がある思考を製造し、押し付けてくるよう

だ。人間はこんなふうに生きなくてもいい。ディオゲネスのように自分の樽の中で横になって日向ぼっこをしてもいいし、ヘラクレイトスのように洞窟の中で「ロゴス」について思考してもいい。この土地に人間の主体性を高く掲げる思潮が現実に存在しないなら、私は自分のためにそれを作り出すことができる。寝そべりこそ私の賢者の運動であり、寝そべることでしか、人間が万物の尺度となれないのだ。（ウェブ掲示板「百度貼吧」における投稿より。現在は閲覧できない）

　非常に思弁的な内容も含まれているのですが、第二章で論じてきた言葉とその背景についての内容を踏まえれば、そのメッセージ自体は理解しやすいものだと思います。プレッシャーというものは、「あの人はあなたより優れている」、「あの人はより良い仕事に付いている」、「あの人はよりお金を持っている」といった「内巻」をもたらした過剰な比較と競争への駆り立て、そして「早く結婚して子どもを産まなければ人生の正しいルートから外れている」といった伝統的な観念から来ています。
　そして、ヘラクレイトスやディオゲネスといった古代ギリシアの哲学者の名前も出てきていますが、細かい哲学の議論に入る余裕はないので、いずれの哲学者も外部が押し付けるさまざまなプレッシャーに対して動じず、欲望や誘惑にも負けず、自足している生活を称揚してい

ると考えてもらえればいいでしょう。

　特に、樽の中で犬のような生活をするディオゲネスのエピソードがよく知られています。アレクサンドロス大王はディオゲネスに会いに行き、何かしてほしいことがあるかと聞いたら、ディオゲネスは「あなたがそこに立たれると日陰になるからどいてください」と言ったとされています。自分の自足した生活こそ最高のものであり、どんな強い権力や権威もそれを押さえつけることはできないという態度がそこから伺えます。

　一言でいえば、「躺平」とはディオゲネスのような生活だといえます。

　それを踏まえて**例文2**を見てみましょう。ここでは「躺平」を通して、人生の意義について考え直すということが言われています。つまり、かつて人生の意義だと思われていたもの、それを決める基準そのものが否定されており、その否定を可能にしているのが「躺平」なのです。

　この点において「躺平」は「佛系」と通ずるところがあるといえます。いずれも実際に変えることが難しい中国の現実に何とか別の仕方で対抗しようとするものです。ただ、重要な差異もあります。「佛系」は「してもいいし、しなくてもいい」という態度を通して差異を抹消しているとすれば、「躺平」はむしろ「何もしない」ことを通してそれを実現しようとしており、その点で「主義」にふさわしいラディカルさを備えているといえ

るでしょう。実際、それを「寝そべり主義宣言」という
政治的な主張にまで高めたものがウェブで掲載されてい
たりします。

bǎi làn
5. 摆烂
腐るがままに置いておく

例文

Tā duì xuéxí bùgǎn xìngqù, chéngjì yìzhí dōu shàng bù lái, suǒyǐ zhíjiē
1. 她对学习不感兴趣，成绩一直都上不来，所以直接
bǎi lànle.
摆烂了。

彼女は勉強に興味を持てず、成績もずっとあがら
なかったので、そのまま悪くなるのに任せた。

Xiànzài de gōngzuò huánjìng yuè lái yuè chà, bùxiǎng nèi juǎn dànshì yòu zhǎo bù dào
2. 现在的工作环境越来越差，不想内卷但是又找不到
gèng hǎo de, suǒxìng jiù bǎi làn.
更好的，索性就摆烂。

今の仕事環境がどんどん悪くなっている。内部競
争で消耗したくないが、より良い仕事も見つから
ない。いっそのこと開き直って悪化するがままに
した。

Āgēntíng rén zǒu shàngle yìtiáo guītú wúqī de bǎi làn zhī lù.
3. 阿根廷人走上了一条归途无期的摆烂之路。

アルゼンチン人は終わりの見えない悪化の道に足
を踏み入れた。

「摆烂」は 2022 年よりネットを中心に流行した言葉で
す。字面通りに訳すと「腐るがままに置いておく」とい

う意味になります。

　例文1は成績がずっと振るわないが、改善を図るのではなく、それがどんどん悪くなっていくのに任せているという状態について述べています。その背後には「どうせ私なんて頑張っても意味がないんだ」という一種の諦めとも開き直りとも取れるような態度が控えています。

　例文2は仕事の環境はどんどん悪化する一方だが、もっとがんばらないといけないという「内巻」のプレッシャーが嫌でも、より良い仕事が見つかる可能性はないから、いっそのことそのまま悪化させていくことにしたということが述べられています。

　2010年代後半から明白になってきた「内巻」の現実においては、どう頑張ってもほとんど結果が得られませんが、かといって頑張らないとあっという間に蹴落とされてしまいます。**例文2**で示されているのは、蹴落とされるがままにして何かが起こるのを待つという状態です。ここが「躺平」よりもさらにラディカルなところです。「躺平」はあくまで「何もしない」という受動的な姿勢を特徴としています。それに対して、「摆烂」はそのままにしておくと最悪の結果をもたらしてしまうにもかかわらず、それを解決したり、回避したりする行動を取るどころか、何もせずにそれがやってくるのを待っている状態、もしくは積極的にそれが悪い方向へと進ませようとすることを指します。

　「内巻」の現実に対して、「佛系」は「どっちでもい

い、全部同じだ」という態度を取り、「躺平」はあえて頑張らない、何もしないという姿勢を取っています。それらに対して、「摆烂」は頑張らないという戦略を共有しながら、より積極的にとことん悪化した状況を待ち望む姿勢なのです。

その内実を考えるために、**例文3**を見てみましょう。アルゼンチンが後戻りできない、「摆烂」の道を歩んでいると書かれています。

2023年11月19日に行われたアルゼンチンの大統領選挙の決選投票で勝利し、第59代アルゼンチン大統領に就任したハビエル・ミレイ氏は、中央銀行の廃止、ドルをペソに取って代える政策、臓器売買の合法化など過激な思想で知られています。中国でも、そんな人を選ぶなんてどうかしていると思われています。

そんなミレイ氏を選んだアルゼンチンの状態を中国のメディアはまさに「摆烂」と呼んでいます。もともと悪化していた経済や政治状況をさらに悪化させ、カオスにしてしまうだろうと予想されているからです。

多くの関連する記事で解説されているように、アルゼンチンの民衆がミレイ氏を選んだのは、まさにアルゼンチンはこのままではどう頑張っても良くならないだろうという明白な状況に対して、とことんこの国を壊して何らかの変化を引き起こしてくれるだろうと期待したからです。だからこそ、ミレイは過激な思想の持主であり、とんでもない政策を打ち出すから票を投じるのをやめろ

と説得しても意味がありません。それこそ人々が求めていたことだからです。

「摆烂」は積極的に物事の悪化を待ち望む態度であると述べました。ここには、いっそのこと悪化を加速させたりすることで、それを徹底的に壊し、その壊れたところから何か新しい可能性が現れ出るはずだという倒錯的な希望が込められているのです。それは翻ってこのような希望しか可能ではない社会自体の倒錯性を映し出しているように思えてなりません。

2007年に日本でもフリーライターの赤木智弘によるフレーズ「希望は、戦争」が大きな話題を呼びました。そこにもまた、ポストバブルの不況の中で出口の見えない不安定な生活を強いられるようになった世代の生きづらさが反映されていました。戦争は悲惨さをもたらすが、すでに悲惨な生活を送っている者たち、これ以上悪くならないという者たちにとってはむしろチャンスになるという倒錯した希望＝絶望が醸成されていたのです。

文脈こそ異なれど、日本、アルゼンチン、中国、あるいは他のいろいろな国でも同様な希望＝絶望の構造が見られるというのは大変興味深いことです。それは希望というものが実は破壊と絶望に強く依存しているということを端的に示しているように思います。

コラム2

努力よりも仏様を信じる

　2023年にネット・アーティストの李二萌による「我^{Wǒ}在财神殿里长跪不起（私は財神寺でずっと跪いている）」という曲が中国の TikTok で若者たちの共感を呼び、瞬く間に拡散されました。しかしその後、その曲と関連する投稿が跡形もなく消されてしまいました。おそらく、あまりにリアルな若者の心情を反映したせいで、中国政府の検閲に引っかかってしまったのでしょう。

　その歌詞の一部を韻にも注目しながら見てみましょう。

Kěnéng wǒ xiànzài de kǔ
可能我现在的苦
zhǐyǒu sìmiào zuì qīngchǔ
只有寺庙最清楚
yǔqí xiāngxìn nǔlì hái bùrú xiāngxìn fózǔ
与其相信努力还不如相信佛祖
（中略）
wǒ shāo zhe sān kuài de xiàng
我烧着三块的香
xǔ zhe sān gè yì de yuàn
许着三个亿的愿
wǒ zhǐguǎn xiǎng shèng xià de jiāo gěi lǎo tiān
我只管想剩下的交给老天
（中略）
cóngcǐ shàngbān hé shàngjìn zhī jiān wǒ xuǎnzéle tǎng píng
从此上班和上进之间我选择了躺平
cóngcǐ tǐxì hé guānxi zhī jiān wǒ xuǎnzé Fóxì
从此体系和关系之间我选择佛系
（中略）
wǒ zài shēng'ér hé shēngnǚ zhōng xuǎn shēngpí xíngbùxíng
我在生儿和生女中选生啤行不行

zài mǎichē hé mǎifáng zhōng xuǎn mǎizuì xíngbùxíng
在买车和买房中选买醉行不行
(中略)
qíshí wǒ duì fēngjiàn míxìn yě chīzhīyǐbí
其实我对封建迷信也嗤之以鼻
dàn píng wǒ zìjǐ hěn nán nì tiān gǎi mìng
但凭我自己很难逆天改命

今の私の苦しみは

もしかしたら仏様が最もよくわかってくれるかもしれない

努力を信じるよりも仏様を信じた方がマシだ

(中略)

3元の線香をあげて

3億元の願いをする

残りは全て神頼みにしようとしか考えていない

(中略)

それから出勤と出世の間で私は寝そべることを選んだ

それから体制とコネの間で仏系を選んだ

(中略)

男の子を生むか、女の子を生むかの間で私は生ビールを選んでもいいか

車を買うか、家を買うかの間で酔いを買うことを選んでもいいか

(中略)

実は私だって迷信なんてくだらないと思っている

でも自分の力で運命を変えられないのさ

ここまで説明してきた「佛系」「躺平」「摆烂」といった言葉の背後にある心理を、きわめて正確に総括した歌詞となっているといえます。

　ここでは仏様が最大の理解者であると歌われていますが、最後に「迷信なんてくだらないと思っている」とあるので、実際に仏教を信仰しているわけではありません。それでも自分の力で運命を変えられないために、そう感じられるのです。

　実は、ここに現代の中国の若者が直面している矛盾を見出すことができます。

　まず、「上班（出勤する、仕事につく）」と「上进（向上する、出世する）」のあいだで「躺平」を選んだというところを見てみましょう。「上班」とは仕事をするだけでなく、職場における「内巻」に巻き込まれること、もしくは給料のために上司や経営者の命令を黙って聞くという生活のイメージも含まれています。

　「上进」に関しては語呂を合わせるために「出世」という訳語を選んだのですが、「上班」とは対立する意味で使われていますので、同じ会社における出世ではなく、その会社にいることをやめた場合、つまり一念発起して国家公務員の資格試験を受けたり、起業したりして別の形で成功するといったイメージになるかと思います。当然、その場合はより険しい道が待っています。

　「良い生活」、ないし「人並みの生活」を望むならば、これらのほかに選択肢がありません。つまり、歌詞の主

人公は「寝そべる」ことを選ぶしかなかったのですが、それは「良い生活」や「人並みの生活」もろとも諦めることを意味しています。

　次に「体系（体制）」と「関係（コネ）」のあいだで「佛系」を選んだというところを見てみましょう。「体系（体制）」はわかりにくい言い方ですが、要は国家公務員のような安定していて、かつ高収入の職業ということです。経済の状況が悪く、失業率がかつてないレベルにまで高まった2023年に公務員を目指す若者がたいへん増えたのですが、中国の国家公務員は想像を絶するほどの狭き門です。その結果として競争がさらに過剰になり、「内巻」の状況がまた強化されてしまいました。

　「関係（コネ）」とは中国における人間関係の基本であり、権力を持つ知り合いや友人に便宜を図ってもらうことです。コネで良い会社に入ったり、収入はそんなに高くないが、それなりに生活が安泰な地方公務員になったりすることは、取り締まりが厳しくなったとはいえ、今でも広く行われていることです。ただ、金銭でも機会でもいいのですが、そのリスクに見合った見返りを与える能力を、自分または自分の親が持っていなければなりません。

　これに関しても、いずれも莫大な（人的、財的などの）コストを要求するので、普通の若者にとってはきわめて難しいことです。そのため、どの「系」でもなく「佛系」を選ぶほかありません。この場合、それは「あ

ってもいいし、なくてもいい」という「佛系」の項で分析した「差異の抹消」という能動的な戦略というよりも、むしろ「選んでも、選ばなくても結果は変わらない」という受動的な諦念の性格が強いように感じます。

最後に出てきた「逆天改命」という言葉がそのことを証明しています。天に逆らって、自らの運命を変えるということを指しています。現在の主流社会の価値観はまさに天命のような絶対的で、超越的なものとして顕現しており、それを自分の力では変えられない、だから仏様に頼るしかないのだということです。

ここで若者たちは、ある矛盾した状況に陥っています。現在の苦しい状況を超越したいという欲望がかつてないほどに高まっているにもかかわらず、それを超越できるような別の実質的な選択肢はなく、超越的であるかのように見える「佛系」や「躺平」のようなものを仮構するしかありません。しかし、それが仮構的なものだということが常に意識されてもいるため、超越性としての効果を十分に発揮できないということです。

天命として表現されている、社会が押し付ける必然的な道に取って代わるような超越性がまったく欠如しているため、出口はないように感じられているのです。

そこからある種のアイロニーの態度が生じてきます。この曲自体が軽快なメロディーを伴っていることはまさに象徴的ですが、矛盾、対立、ダブルバインドを解決できずに、それを自嘲しながらも、受け入れるとも受け入

れないともいえないような曖昧な態度を取るということです。

そのような曖昧さ、はっきりしなさとしてのアイロニーの態度は、本書のいう「闇」とも通ずるところがあります。「闇」とは、はっきりと現れていて、決定された「光」の世界とは異なる想像力の世界です。私たちは想像力をもって新しい可能性を生み出します。つまり、闇とはいろいろな新しい可能性が蠢（うごめ）く場所でもあります。ちょっとしたきっかけがあれば、それは一気に力を得て、光の下に姿を現すこともあるでしょう。

その意味で、闇は光の終わる場所であると同時に、新しい何か――たとえば「希望」のようなもの――が始まる場所でもあります。終わりの章で、その始まりについて見ていきましょう。

闇に終わり、闇から始まる

新型コロナウイルスの脅威が去った後の厳しい経済状況、史上最高の失業率を前にして、2023年の上海ハロウィンが異様に盛り上がるという不思議な現象が起きました。そこにはさまざまな独創的な仮装が溢れ、社会批判のメッセージが込められた仮装も多く見られました。たとえば、白い防護服の仮装は厳しいロックダウンの時に人々の自由を制限した防疫担当者たちを「鬼」や「妖怪」に見立てて批判しており、その写真がSNSを通じて拡散されて大きな話題になりました。

　現代の中国人は新型コロナの脅威に直面して、生活の自由よりも生命の安全を、精神の健全よりも体の健康を最優先しました。生存よりも重要なものはないと口々に言いながら、これも仕方ない、あれも仕方ないとさまざまな制限を次から次へと受け入れていきました。その結果、「白い防護服」たちによるかつてないほどに徹底的な自由の抑圧を受け入れてしまいました。世界でも類を見ないほど厳しいロックダウン政策だったと思います。

　しかし、終わってみれば、明らかになったのはむしろ逆のことでした。すなわち、医学は国を救えないこと、病死は自由の制限より不幸だと必ずしもいえないということです。ロックダウン中に飛び降り自殺者が絶えなかったことがそのことを象徴しています。

　上海ハロウィンの仮装の中でもひときわ目立ったのは、魯迅の仮装をした若者でした。「医学では国民を救

えない」という彼の名言が掲げられ、その有名な言葉が朗読されていました。少し難しい言葉が並びますが、引用しましょう。

凡是愚弱的国民，即使体格如何健全，如何苫壮，
也只能做毫无意义的示众的材料和看客，
病死多少是不必以为不幸的。所以我们的第一要著，
是在改变他们的精神，而善于改变精神的是，
我那时以为当然要推文艺，于是想提倡文艺运动。

　なべて愚かで弱い国民はたとえ体がどれほど健康であっても、どれほど屈強であっても、まったく無意味な見せしめの材料と野次馬にしかなれない。病死した者が多いのは必ずしも不幸なことだといえないのだ。そのため、私たちにとってもっとも重要なのは彼らの精神を変えることである。そして、精神を変えるのに適しているのは、当時の私にとって当然文芸だったため、文芸運動を提唱しようと考えた次第である。

　この言葉は魯迅の 1923 年の作品集『吶喊』の序から取られたものです。彼がいかに医学の道から離れ、文芸を志すようになったかについて述べられています。魯迅にとって、絶望的な状況において健康と生存はもっとも重要なものではありませんし、病に倒れることももっとも不幸なことではありません。本当の意味で国を救える

のは精神の改造であり、そのための文芸だったのです。

　ちょうど100年後の2023年の上海で、同じ言葉があらためて若者たちの心を摑み、奮い立たせました。列強によって分割され、侵略され、国内的にもさまざまな勢力が対立しているという（おそらく今の中国以上に）絶望的な状況に立たされていた当時の中国にとって、精神を変えることこそ唯一の救いの道だと魯迅は断言していました。そして、今の中国人に必要なのは健康になることでも、経済成長でもなく、文芸をもって精神を再び改造することであると、魯迅に仮装した若者が、まさに仮装という「改造された自己像」の提示を通して主張しています。

　コラム１で見たように、2000年代以降の「文芸（文芸的）」という言葉は一種のメランコリーとしてイメージされていました。そして、そのメランコリーは彼らの精神が変化したという事実を象徴するものでもありました。彼らは功利的に物事を考えるように迫る世界から抜け出すために、そのメランコリーという（どちらかというと）マイルドな拒否の姿勢、そして現実世界からほんの少しだけ逸脱する行為を通して現実に対抗するための新しい何か——たとえば「希望」のようなもの——を精神＝想像力をもって生み出そうとしたのです。

　再び魯迅の言葉を引用しましょう。

Rán'ér shuō dào xīwàng, què shì bùnéng mòshā de, yīnwèi xīwàng shì zàiyú
然而说到希望，却是不能抹杀的，因为希望是在于

将来，决不能以我之必无的证明，来折服他之所谓可有。

しかし、希望は抹殺することのできないものである。なぜなら希望は将来にあるものであって、私の「絶対にない」という証明をもって、彼のいう「あるかもしれない」を打ち負かすことはできないのだ。

2010年代の後半からコロナ禍を挟んで現在に至るまでの間、現実社会の状況がさらに悪化するにつれ、彼らの拒絶心理の表現もまたよりラディカルなものになっていきました。「佛系」「躺平」「摆烂」などはその象徴的なものです。それは現実社会の規範そのものに「終わり」を告げようとする姿勢にほかなりません。

しかし、魯迅の言うことを踏まえれば、欲望を諦めて「佛系」になろうが、何もしないで寝そべろうが、腐るがままに置いておこうが、そこに希望が何らかの形で宿る可能性を否定できません。また、常識的に考えて、新しい何かが始まるためには、その前にある何かが終わらなければなりません。その意味で、私たちは諦めて、寝そべって、腐ることで終わりをもたらしてから、他に何をしようか、何ができるだろうかと考えはじめるのではないでしょうか。

したがってむしろ逆に、その「終わり」によってこそ初めて新しい「あるかもしれない」という可能性が「始まる」のです。ちょうど腐敗が堆肥を生み、土地を豊か

にするのと同じように、今を否定し、終わらせることこ
そ新しい可能性が育つための土壌を作るとも言えるので
はないでしょうか。

　ここで「はじめに」でも引用した小川哲の「光とは命
であるのに対して、闇とは想像力だ」という言葉を思い
出しましょう。
　厳しいロックダウン政策と自由の制限は「命」を守る
ために実行されました。社会の安定を保ち、悪いことが
起きて「命」を脅かさないように堅固な監視社会が築き
上げられました。過剰な競争、すなわち「内巻」も生き
延びることを口実に正当化されました。それは文字通り
「命」を守る「光」の秩序と規範です。
　それに対して、中国の若者はまさに「文芸的」なメラ
ンコリー、そして「佛系」「躺平」「摆烂」などの否定と
拒否の姿勢をつらぬきました。それによって、ハロウィ
ンにおける魯迅のコスプレのように、「精神＝想像力」
の改造を再び主張するに至りました。彼らは「光」の秩
序を終わらせ、〈いま・ここ〉にはないが、決して抹殺
されえない、未来にある希望を想像力とそれを育む
「闇」に託しました。
　古い世界は闇に終わり、新しい世界は闇から始まるの
です。

おわりに

　少し個人的な「闇」について触れてみたいと思います。

　私は 1990 年に中国の吉林省吉林市に生まれました。それまで町全体を支えていたが、改革開放で急速に落ちぶれていく化学工場と、中国四大自然奇観の一つである「雾凇（霧氷）」以外に何もないところです。保守的で、生き延びることと成り上がることしか頭にない人たちが周りに多く、そしてその観念を子どもたちにも押しつけていました。

　私はそこに 13 歳まで住んでいたのですが、多動で、本を読むこと、文章を書くことが好きで、作文を書いて学校の先生を辛辣に風刺して問題になるような捻くれた子どもだったので、その町は私にはとても息の詰まるような、生きづらい場所でした。早く外の世界に出て、自由になりたかったのです。私はそこで、「闇」の気持ちを溜め込んでいきました。

　2003 年に父親の仕事で家族 3 人で日本に来て、そのまま定住しました。しかし、外の世界には出たものの、自由にはなれませんでした。言葉がわからないこと、文化に馴染めないこと、それまで自分を支えていた文章を書くことができなくなったことが、むしろ「闇」を深めていったのです。そのまま私は 2 年間、必要最低限の

コミュニケーションを除いて、誰とも何も話しませんでした。文字通り言葉を失ったのでした。

　その後、公的な日本語教育の支援を受けたり、周りの友人や大人の助けを借りながら、少しずつ言葉を覚えていき、本を読むことが再びできるようになりました。貪るように心理学、哲学、文学の本を読みました。人と話すようにもなりました。それまで何も話せない私に対して「クソ中国人」と罵声を浴びせかけていた同級生とも仲良くなりました。

　新しい言葉を得たことで、生まれ変わったような気がしました。何よりも言葉をもって自分自身が溜め込んできた「闇」と向き合い、それを新しい自分になるための糧にできたのが意義深かったと思います。

　この経験から、「自由」とはどこか外の世界に行くことによって実現されるものではなく、想像力の手段としての言葉によってこそ実現されるのだと痛感しました。言葉を通して、自分自身の「闇」と向き合い、新しい自分のあるべき姿を想像することができたのです。

　そのような言葉と闇から生まれた「自由」への想いを込めながら、本書を執筆しました。

　もちろん、本書は私個人の力では到底完成させられず、多くの人の協力によってはじめて完成したものです。

　大学院の指導教官でもあった早稲田大学の千野拓政先生は、中国語中国文学を研究し、教える者としてのある

べき姿を身をもって示してくださりました。先生が100冊以上の中国語教科書を送ってくれなかったら、本書を書くという考えが生まれなかったでしょう。

　早稲田大学の都甲幸治先生は英文学を専攻していた学部の時の文学の啓蒙者です。先生の「ブログでもなんでもいいからとにかくたくさん書きなさい」という叱咤激励のお言葉を聞いて、本書の元となった「黒暗中国語」というnoteでの連載をはじめました。それを読んだ立命館大学の川浩二先生は私の拙い連載記事を評価し、ぜひ本にすべきだと、本書の担当でもある筑摩書房編集部の藤岡美玲氏に紹介してくださりました。藤岡氏は書き手としての実力がまったく未知数の私に勇敢にも本書の執筆を依頼してくださりました。そして、執筆の過程で多くの的確なアドバイスをいただき、本書の初稿から大きく改善することができました。ここで謝意を表したいと思います。

　5歳になった息子にも感謝を述べたいと思います。戸惑いながらも一生懸命に日本語と中国語の両方を学ぼうとするその姿に励まされ、多くのヒントとアイデアを得ることができました。そのうち本書を読んでくれることを期待しています。

　最後に妻の段書暁に感謝を述べたいと思います。彼女はいろいろな面で私を支えたのはもちろん、何よりも一人の優れた研究者、さらに優れた人間として私を引っ張ってくれました。誰よりも強い責任感を持ちながらも、

誰よりも「肆无忌惮」に自由を追求する彼女から、より
よく生きていくために大事なことのすべてを学びました。

　2024年3月

楊駿驍

本書は一部 JSPS「研究活動スタート支援」からの支援を受けています（課題番号 JSPS23K18684「2000 年代以降の中国における「現実超越」の文化表象と想像力について」）。

ちくま新書
1798

闇の中国語入門
（やみ　ちゅうごくごにゅうもん）

2024 年 6 月 10 日　第 1 刷発行
2024 年 9 月 15 日　第 2 刷発行

著者
楊　駿驍
（よう・しゅんぎょう）

発行者
増田健史

発行所
株式会社筑摩書房
東京都台東区蔵前 2-5-3　郵便番号 111-8755
電話番号 03-5687-2601（代表）

装幀者
間村俊一

印刷・製本
株式会社 精興社

本書をコピー、スキャニング等の方法により無許諾で複製することは、
法令に規定された場合を除いて禁止されています。請負業者等の第三者
によるデジタル化は一切認められていませんので、ご注意ください。
乱丁・落丁本の場合は、送料小社負担でお取り替えいたします。
© YANG Junxiao 2024　Printed in Japan
ISBN 978-4-480-07623-6 C0287

ちくま新書

ちくま新書

儒教を哲学化した朱子学と、それを継承しつつも克服しようとした陽明学。東アジアの思想空間を今も規定するこの世界観の真実に迫る、全く新しいタイプの入門概説書。

古代中国の古典『老子』。二千年以上も読み継がれてきたそのテキストを明快な現代語訳で解きほぐし、老子像を刷新。また、日本の神話と神道の原型を発見する。

『論語』はずっと誤読されてきた。それは孔子をシャーマンとして捉えてきたからだ。二千年の時を超え、アニミズム的世界観に基づく新解釈を展開。東アジアの伝統思想の秘密に迫る。

「上下関係」「努力信仰」「気持ち主義」……日本人を無意識に縛る価値観はどこから来るのか。学校や会社に浸透した『論語』の教えを手掛かりに、その淵源を探る。

『論語』には、人を「学習」の回路へと導き入れる叡智がある。その思想を丁寧に読み解き、ガンジー、サイバネティクス、ドラッカーなどと共鳴する姿を描き出す。

学びを通した人生の作り上げ方、社会の中での自分の在り方、本当の古典……。『論語』の中には、人生に必要なものがすべてある。決定的入門書。

学び続けることの中に人生がある。――二千五百年間、読み継がれ、多くの人々の「精神の基準」となった古典中の古典を、生き生きとした訳で現代日本人に届ける。

ちくま新書

1534	1460~1467	1287-5	1287-4	1287-3	1287-2	1287-1
世界哲学史 別巻 ——未来をひらく	世界哲学史 全8巻	人類5000年史Ⅴ ——1701年〜1900年	人類5000年史Ⅳ ——1501年〜1700年	人類5000年史Ⅲ ——1001年〜1500年	人類5000年史Ⅱ ——紀元元年〜1000年	人類5000年史Ⅰ ——紀元前の世界
［責任編集］ 伊藤邦武／山内志朗／中島隆博／納富信留	［責任編集］ 伊藤邦武／山内志朗／中島隆博／納富信留	出口治明	出口治明	出口治明	出口治明	出口治明
古代から現代までの『世界哲学史』全八巻を踏まえ、論じ尽くされていない論点、明らかになった新たな課題について考察し、未来の哲学の向かうべき先を考える。	現代を代表する総勢115名の叡智が大集結。古今東西の哲学について各々が思考する、圧巻の論考集。初学者から極める者まで、これを読まずして哲学は語れない。	人類の運命が変わった二〇〇年間——市民革命、市民戦争が世界を翻弄し、産業革命で工業生産の扉が開かれた。ついに国民国家が誕生し覇権を競い合う近現代の乱世へ！	征服者が海を越え、銀による交易制度が確立、大洋を舞台とするグローバル経済が芽吹いた。大帝国繁栄の傍らで、宗教改革と血脈の王政が荒れ狂う危機の時代へ。	十字軍の遠征、宋とモンゴル帝国の繁栄など人や物の交流が盛んになるが、気候不順、ペスト流行にも見舞われる。ルネサンスも勃興し、人類は激動の時代を迎える。	人類史を一気に見通すシリーズの第二巻。漢とローマ二大帝国の衰退、世界三大宗教の誕生、陸と海のシルクロード時代の幕開け等、激動の一〇〇〇年が展開される。	人類五〇〇〇年の歩みを通読する、新シリーズの第一巻ついに刊行！文字の誕生から知の爆発の時代まで紀元前三〇〇〇年の歴史をダイナミックに見通す。